るチカラ

植島啓司
Ueshima Keiji

a pilot of wisdom

はじめに

「なぜ、たっぷりと食べた客のように、人生から立ち去らないのか」

いまさら言うまでもないことだけれど、地球には寿命があって、人類がいつ滅びるかはすでにタイムスケジュールのなかに入っている。地球が生まれてこれまでに46億年が経過したわけだが、地球そのものはあと50億年くらい、しかし、生命が生きられる時間はせいぜいあと5億年くらいしか残されていないようだ。もちろん、人口抑制、宇宙植民など、さまざまな方法によって、人類がもっと先まで生き延びる可能性もないことはない。

ただ、われわれにとって問題なのは単に生き延びるということではなく、いったい何のために生きるのかということ。そちらのほうはどうなっているのだろうか。そんなことを考えながらモンテーニュの『エセー』を読んでいたら、古代ギリシアのルクレティウスの**「なぜ、たっぷりと食べた客のように、人生から立ち去らないのか」**という言葉が目に入ってきた。[★01] 人生を大いに謳歌《おうか》するためには、「もうおなかいっぱいおいしいものをいただいたので大満足です」とレストランを出るときのように、人生から立ち去るべきではないかというのである。

人間はいずれ年をとって、病気になり、そして、死ぬ。そういうゴールが見えているのに、「将来きっと幸せになるはず」というのは矛盾していないだろうか。だれもが必ず死ぬ運命にある。愛する人々に看取られるのはだれしもが望むことではあるけれど、１００年後の人々にしか理解されないような研究をして独りさびしく死ぬというのもあながち不幸とは言い切れまい。いくら財産を築き上げ、多くの友人を得ても、そして、また家族に恵まれたとしても、とにかく最後にすべて何もなくなってしまうのはみんな同じなのである。

では、みなさんはそれでいいのだろうか？

いま、うちの高齢（85歳）の父は病院で寝たきりの状態でいる。彼を見ていると、いったい生きたいのか、死にたいのか、よくわからない。父が入院している病棟に見舞いに行くと、同じような境遇の人たちがベッドに横たわっている。いつ行っても、みんなほとんど眠っている。快復を願っているのではなく、ただひたすら死を待っているようにも見える。気持ちよく生きてさっと死ぬというのが理想のはずなのに、社会がそうさせてくれないのである。父は重い肺《はい》気腫《きしゅ》となり、心筋梗塞《しんきんこうそく》を起こし、腎機能も低下している。さらに両大腿骨《だいたいこつ》を骨折し、最近ついに目も見えなくなってきた。そうなると、気の毒なことにベッドで寝たきりのまま何もできない。意識は比較的はっきりしているので、かえって自分の置かれている状況がわかるからさぞつらいことだろう。どうしてこんなことになってしまったのか。

詩人の伊藤比呂美さんの場合もよく似た事情らしく、次のように書いている。「刻々と死に近づく親を見つめておりますと、どうもかれらは死に方がわかってない。**死にたくはない。**

かといって生きていたいとも思ってない。戦争を経験し、高度成長にもまれ、信じていたものをきれいさっぱり捨ててきた人たちです。家には仏壇も神棚もなく、自然をありがたがることも忘れ、かといって西洋の知識人のような確固たる自己があるわけでもない。宙ぶらりんになって死ぬに死ねない。死ぬための心構えもできてない」[★02]。いま生きている自分が何のために生きているのかわからない。では、どう生きたらいいというのだろうか？

最後に死ぬという決定的な事実がある限り、究極の処方箋《せん》は一つしかない。それは**死ぬことを最大の幸福と見なす生き方**である。海外で長く調査・取材している経験からいうと、どの国を訪れても「宗教」「信仰」「文化」「経済」はほとんど一体となっており、イスラームの国々では人生の目標はだれに聞いても「聖地メッカに巡礼すること」なのであった。エチオピアでも、アルメニアでも、グルジアでも、アルゼンチンでも、タイでも、インドネシアでも、人々は死んだらいまより幸せになれると信じている。ひどい境遇にあればあるほど、人々は死後に希望をたくすようになる。ところが、日本で同じ質問（「人生の目標は？」）をすると、「マイホームを建てること」がトップに挙げられることになる。果たしてそれでいいのかどうか。

ぼくは二〇〇九年、『世界遺産　神々の眠る「熊野」を歩く』（集英社）、『熊野　神と仏』（原書房、共著）という二冊の本を書いて、日本では「信じること」がどのようにして今日の形になったのかという問題について論じたところである。もちろん、ここでいう「信じること」とはそのまま「宗教」とか「信仰」だけを意味していない。しかし、「何も信じないではいられない」とわかってはいるものの、いまさら特定の宗派や教義に依存するというわけにもいかない、というのが多くの人の実感ではないか。そうなると、われわれの**合理的な判断を水面下で支えている規範的なもの**についてどう考えたらいいのだろうか。

生きていくうえであなたの身に起こることはけっして順調なことばかりではない。たとえば、身体がだるかったり、歯が痛くなったり、頭痛がしたり、アレルギーに悩まされたりする。目が悪くなってメガネかコンタクトをしなければならなくなる。事故に巻き込まれて遅刻し、大事な取引をのがしたり、好きな人とちょっとしたことでトラブルになり、ずっと心痛の種になったりすることもある。買ったばかりのパソコンが不調で思いどおりにならなかったり、保存しておいたデータが全部消失してしまったりすることもある。

こうして列挙していくと、われわれの人生は、気にするときりがないような小さなトラブルの連続だということがわかる。何もトラブルを抱えていない人間などこの世には存在しないのだ。大好きなテニスをすれば、アキレス腱《けん》を痛めるようなアクシデントも起こる。すてきな相手と恋に落ちれば、いつか別れを迎えて悲しみに暮れるような日々も来ることだろう。しかし、よく考えてみよう。もしあなたにいかなる災難もふりかかってこなかったとしたら、それこそ幸せな人生といえるのだろうか。そんなふうにして平々凡々に人生を全うすることがあなたの望みなのだろうか。

あなたは自分の身にいいことが起これば大喜びし、悪いことが起これば運命を呪《のろ》うことだろう。しかし、よく考えてみると、**われわれが生きる意味を知るのは我が身にふりかかった災難によってではなかったか。**もしそれが起こらなかったら、あなたの人生はさぞや空々しいものになったのではなかろうか。よく「災い転じて福となす」というが、災いがなければ福もない。むしろ、ふりかかった災難こそ人生が変わるきっかけだということを深く認識する必要があるのではないか。

死に方がわからなければ生き方もわからない。そして、生き方がわからなければ死に方もわからない。ここでは、この列島で数千年にわたって長く信じられてきた「死ぬことを最大の幸福と見なす生き方」を基調低音として読みすすめていただきながら、なにより、われわれの生活を豊かにする「生きるチカラ」はどこからやってくるのか、みなさんと一緒に考えていきたいと思っている。

＊本文中の引用文献、参考文献については★で示し、巻末にまとめた。

本文デザイン／バルコニー

C O N T E N T S

Lesson 2

あらゆる選択は誤りを含んでいる

Lesson 3

金持ちはみんな不幸？

CONTENTS

Lesson 6

自分の身に起こることはすべていいことなのだ

Lesson 1

生きるのに「正しい」も「間違い」もない

01
なんでも知ればいいというものではない

人生ではなにより偶然がおもしろい。いったいこれから先、自分に何が起こるのかと考えたとき、あなたの胸はときめくだろうか、それとも、不安で落ち着かない気分になるだろうか。それだけで人生を送るときの心がまえもずいぶんと違ってくることになる。思いもかけないことが起こるのを極端にいやがる人もいれば、単純におもしろがる人もいる。しかし、前もって知っておけば何事も安心だと思う人のほうが多数派だろうか。

ただし、まず初めに、この世の中には**前もって知るとよくないことがいっぱいある**と忠告しておきたい。たとえば、どこかへ旅行に行くとする。あなたは名所旧跡の類をあらかじめ調べたり、旅先で見逃してはならない事柄を知りたいと思って情報誌を買ったりネットで調べたりする。もちろん何も知らないよりは知っておくべきこともいくらかあるだろう。しかし、あまりに調べすぎてしまうと「感動が減る」ということをご存じだろうか。すばらしい景色も偶然出会ったとしたら心から感動できるものだが、もし前もって写真などで見てしまっていたら、**「ああ、あの写真どおりすばらしい景色だ」**となって、偶然の出会いを素直に喜べないことになる。そもそも旅に出るというのは偶然の出会いを求めてのことなのに、あらかじめ出会う内容を知ってしまったらその魅力は半減してしまうのではないか。

旅の楽しみは、どんな景色が見られるのか、どんな温泉に入れるのか、どんな人と出会うのか、その地のおいしいものはいったい何だろうか、というようなことが大きな比重を占めるわけで、そのためにはネット検索など百害あって一利なしと思うべきである。

同じく、いい映画だと評判になっているので、とりあえず観に行く前にどういう映画か知りたいと思う人も多いことだろう。しかし、前もって調べてしまうと、たとえ最後のシーンまでは知らなくても、ハラハラするようなスリリングな気持ちはちょっと「減って」しまうのではないか。スリラーか、冒険ものか、ラブストーリーかくらいは知っておいてもいいが、それ以上の詳しい情報はむしろ邪魔なのである。

こうしたことはいくらでも例を挙げられる。とにかくわれわれにとって前もって知ることは必ずしもいいことではない。旅に出かけておもしろいものを見たら、いったいあれはなんだったのかと後から調べる。映画がよかったら、家に戻ってから監督のことや映画の背景や原作について調べたらいい。あくまでも物事との触れ合いは先入観なしにナマで出会うことが肝心なのである。

それは人との出会いについてもいえるだろう。どうすれば自分にとって好ましい人と出会うことができるだろうか。ある一定の方向へ進むと必ず出会いは生じるのであるが、必ずしもいい出会いばかりとはいえない。たとえば、クラブに踊りに行く、友人のパーティに顔を出す、高野山に修行に行く、どれでもいいのだけれど、人は何かを目指して進めば当然のように同じ思いを持った人々と接することになる。それこそ成り行きだ。ある程度目的は同じだとしても、あくまでも偶然に出会うからこそ楽しい。

そういう意味では、すべてわれわれは「計画された偶然」を生きるわけである。できるだけ必然と思われることを最小限にとどめなければならない。それが楽しく生きるための最大の秘《ひ》訣《けつ》であって、**人は偶然に身をまかせることによって初めて自由になれる**のだ。

「計画された偶然」とは、何かが起こる可能性がきわめて高いものの、それがなんだかわからない状況を指している。週末のダンスパーティに行くときの胸のときめきや、旅立ち前の奮い立つような気持ち、さらには、好きな人との久々の再会にともなう喜びと不安が共存するような感情など、たしかなものは何もないのに、どうしようもなく高揚した気持ちになるのを抑えられない。むしろ、そんなところに生きる喜びはひそんでいるのではなかろうか。

02

「計画された偶然」を生きる

たとえば、クランボルツとレヴィンの『その幸運は偶然ではないんです！』（二〇〇五年）に以下のような例が載っている。

私には、以前からどうしてもやってみたい仕事がありました。広告代理店のアートディレクターの仕事です。すぐにその仕事が見つかるわけではなかったので、まずはエアロビクス・スタジオでアルバイトをすることにしました。アートディレクターとしての就職先を探しながらも続けられる仕事だったし、空き時間には無料でジムを使えるという特典つきだったからです。

そこで偶然靴メーカーで働く女性と知り合うと、彼女は自分の会社の靴底をデザインするプロジェクトを紹介してくれる。そして、彼女のおかげでフリーランスで仕事を続けているうちに、プロジェクトのリーダーから正社員に誘われるようにまでなった。ところが、そこで彼女は迷い始める。

靴のデザインの仕事は、芸術的センスを活かせる仕事だったし、お給料も悪くなく、よい仕事でした。でも、私は広告代理店のアートディレクターになると決めていたので、彼女の誘いを断ってしまいました。その時点でアートディレクターとしての就職先の候補があったわけではないのに、私は自分が決めた目標からそれてしまうことが怖かったのです。

その後も、おもしろそうな仕事に就くチャンスがいくつかめぐってきたが、彼女は「広告代理店のアートディレクター」以外の仕事に就く気になれず、すべて断ってしまう。もったいないことだけれども、自分が進みたいと思わない道に飛び込む勇気がなかったのである。そして、そんなふうにして過ごしてきた結果、いまや自分のキャリアに行き詰まりを感じているという

のである。★01

それに対して、クランボルツらは彼女に次のようにアドバイスしている。「ある夢を実現させることに一生懸命になりすぎると、その途中で現れる他のチャンスを無視したり、拒否したりしてしまうことがあるということです★02」。たしかに自分の望む進路は大切で、あくまでもそれにこだわる気持ちも理解できないわけではない。しかし、**それは自分に訪れるあらゆるチャンスを妨げてしまうことでもあるということを、よく頭に入れなければならない。**

「もし、あなたが憧れ続けてきた大学に願書を出したのに、合格しなかったら？　もし、夢の職業に就いたのに、上司が鬼みたいな人物だったら？　もし、理想の家を建てたのに、隣人がくだらない人たちだったら？　あなたはどんなふうにその状況に対応するでしょうか。夢が崩れたときにどう対応すべきか、私たちは教わりません★03」。あまりに期待しすぎると、人生ではがっかりするようなことばかりになる。逆に、困難を覚悟していれば、意外と世の中スムースに運ぶものだとうれしくなるにちがいない。そのあたりのさじ加減がむずかしい。

「計画された偶然」とは、一九九九年にスタンフォード大学のクランボルツ教授らが提唱した考え方で、成功した人々のキャリアを分析したところ、彼らのうちの8割は「いまある自分のキャリアは予期せぬ偶然に因るものだ」と答えたという。つまり、合理的な要素をいくら積み上げていっても、望むべき結果が得られるとは限らないが、逆に、予期せぬ偶然によって思わぬ成功が得られることがあったという意外な回答。それなら、むしろ、それを積極的に自分のキャリアに引き入れるように行動するべきではないかというのである。

それとよく似た概念に「セレンディピティ」という言葉がある。セレンディピティとは、偶然思わぬ発見をする能力を指している。たとえば、科学の発見におけるセレンディピティの例は枚挙に遑《いとま》がないほどだ。もっとも有名なものでは、レントゲンによるX線の発見があり、フレミングによるペニシリンの発見、ノーベルのダイナマイトの発明、ジェンナーの天然痘ワクチンの発見などがある。また、最近では、クローン羊ドリー誕生のきっかけも偶然の産物として知られている。★04

ただし、それらも本当に単なる偶然かというとそんなことではなく、ある種の目的意識があって初めて開ける世界があるということである。それこそ「計画された偶然」そのものではないか。

一見したところ、「計画」と「偶然」とは相容れない概念ではないかと思われるかもしれないが、そんなこともない。だれもが自分の将来について考える。どういう仕事に就きたいかとか、どういう自分でありたいかとか。もちろん、そんなことは夢物語で、よく「神様を笑わせたいのなら、自分の人生計画を話すといい」[★05]といわれるように、そのとおりに進むはずもないのである。

それなのに、子どもたちは、早いうちに人生の目的を明確にして、それに向かって努力するようにと教えられる。いったん獣医になりたいとかバレエダンサーになりたいとか口にすると、周囲はそれに結びつくような話題を投げかけてくるし、当人も自分がなんとなくしゃべった言葉にこだわらずにはいられなくなってくる。しかし、ときにはそれもマイナスに働くことがある。あくまでも計画は計画にすぎないのだ。そんなことにとらわれる必要はないし、周囲の期待を裏切ってまったく違った方向へ進んでもかまわないのである。もともと人生なんてちょっとした偶然でくるくる変わるものなのだ。

われわれにとって大きな困難のほとんどは10代の終わりから20代の初めにやってくる。まだ対処の仕方を十分学ばないうちにそれらと対決しなければならないことになる。つい思いつめてしまうことも少なくないだろう。そんなときには、**「だいじょうぶ、人生なんてなんとかなるものさ」**という柔軟な姿勢を持つようにアドバイスするのが重要だということである。自分を取り巻く状況はどんどん変化しつづけていく。それに従ってわれわれも変わっていく。それゆえ、自分が決めたことなどちっぽけなもので、そんなものはいつでも捨ててやるくらいの気持ちでいなければならない。そういうアドバイスが必要なのである。

たった一度の、しかも、それほどはっきりしないまま交わした約束によって、一生が左右されてしまうということは、われわれの人生にも起こりうることである。そして、いつか自分のやりたいことが実現できると思っていると、あっというまに人生は終わってしまう。そのうちにすてきな人が現れると思っていても、どんどん月日が経ってしまい、焦って昔のクラスメートと結婚することになるなんて例はいくらでもある。いや、むしろ、そちらのほうが普通かもしれない。一番好きな人と結婚したと心からいえる人がどれくらいいるだろう。

幸福なことも不幸なこともいつかはめぐりめぐってやってくる。たとえば、災害や事故、病気やさまざまな状況の変化があって、思いどおりに進まないのが人生というものだ。いまは待つべきなのか、進むべきか、そう簡単に決着はつかない。いずれにしても、クランボルツらの意見は、つねに選択の幅を広げておいて、予期せぬ偶然の出来事が起こったら、それを活用して新しい可能性に賭《か》けよということになる。あくまでも「偶然は味方」と理解すべきだというのである。

03 たとえ不測の事態が起こっても

この30年間で100カ国近くを回って宗教人類学調査を行ってきたわけだけれど、海外にいるとわずか一〇〇円も払わないでとんでもなくおいしいものが食べられるのに、なぜ日本に戻ると一万円払ってもそれほどおいしいものが食べられないのか、そんなことをずっと考えていた。だいたいアジアやアフリカでは、もちろん場所にもよるけれど、一見したところ粗末でも、食べておいしいものがいっぱいある。なぜ日本に戻ると、これほど食べ物の種類に恵まれた国はないはずなのに、そうした体験が少なくなってしまうのか。

その答えは簡単だ。**あまりに選択の余地がありすぎると人は幸せになれない**のである。もちろん、選択の余地がないというのは大きな不幸だが、ありすぎるのもけっして好ましいことではない。

だいたい基本的な生活が満たされたときに、人が望む最高の贅沢《ぜいたく》といえばいったい何だろうか。ヨットやクルーザー、自家用機、宮殿のように部屋数が20もある家、広大な敷地にプライベートビーチ、いつでも命令に従う女性（または男性）たち、世界にも数えるほどしかないシャンパンやワイン、山海の珍味、カジノ、サッカーチームやダービー馬のオーナー、政治的権力、多くの子孫……しかし、果たしてそれらは人を必ず幸福にするだろうか。どんなにすばらしいものが手に入っても、自分を愛してくれる人々――最愛のパートナーや子どもたち、自分を愛してくれる友人たち――がいなければ心から喜べるだろうか。

本当の意味での幸せとは、お金で集めた人たちと贅沢な料理に囲まれて高いシャンパンを飲むことではなく、愛するパートナーとこの世でたった二人だけのかけがえのない経験をすることではないかと思う。どこでもかまわない。たとえば、日本のどこかを訪ねてゆっくり歩き、民宿に泊まり、一緒に温泉に入り、おいしい酒と食べ物を堪能し、翌朝はさらに別の地を目指す。そんなことでいい。わずか一口半のコースで費用もほとんどかからない。しかし、先ほど挙げたゴージャスライフと比べて、どちらの喜びが大きいかは容易に判別がつかないだろう。そんなところに幸・不幸の違いがあるわけではない。贅沢にしても同じこと。数量が多かったり値段が高かったりすることが贅沢というわけでもない。

多くの場合、おそらくもっとも大きな贅沢とは、旅そのものにヒントが隠されているのではないか。われわれは自分たちと違う世界を見たいと思っている。この地球がどれくらいの規模のもので、どれだけ多種多様な生き方があって、そのなかのどういう生き方がもっともすばらしいものなのか知りたいと思っている。そして、そのことは言い換えると**もう一人の別の自分を見たい**という願望ともつながってくる。果たしていまの自分の姿だけが現実なのか、もっと違う人生もあったのではないか、自分の可能性はもっと無限に広がっているのではないか、そういう気持ちはだれもが持っていることだろう。

インドネシアで調査していたときのこと、熱帯で突然スコールに見舞われたことがあった。われわれは、あわてて大きなバナナの葉を持って右往左往したわけだが、それがまたなんとも楽しい経験なのである。ずぶ濡れになりながら、みんなの顔は笑っている。このことは雨が降りそうだからとカサを持って出かけるのとは大違いではないか。降水確率20％という予報でカサを持って通勤する人々の姿を見ると気の毒に思わずにはいられない。同じ雨降りだというのに、一方は子どものような笑顔になり、一方は顰《しか》めっ面《つら》で不快そうに出かけることになる。**幸運を喜ぶのと不運を避けるのとでは似ているようでまるで正反対なのだ。**われわれの社会は偶発事（この場合は雨）を避けることにあまりに神経をとがらせすぎてはいないだろうか。いったい何をそんなに怖がっているのか。

思い切ってカサを持たない生活をしてみたらどうか。雨が降れば濡れたらいい。土砂降りというならまた別かもしれないが、にわか雨ならどこかで雨宿りしてもいいし、ちょっとくらい濡れてもかまわない。すべては偶然の成り行きにまかせればいい。しかし、たかがそんなことでも日常のなかで実行するのは意外とむずかしい。雨宿りしていては、仕事の約束に遅れるかもしれないし、会社にも行けなくなる。毎日の生活には予定が山ほど詰め込まれている。

そこで「旅」の出番がやってくる。旅とは日常では経験できないことを実行する絶好の機会だ。それが観光と大きく違うところで、出発時間から集合場所、宿泊地、交通手段、レストランなどすべて決められているのが「観光」で、そういう制約から自由で、この先どうなるかわからないというのが「旅」の特徴だ。いうなれば「非日常」とでもいうのだろうか。

だから、旅には不安がつきもので、列車に乗れるか、乗り遅れたらどうするか、他の移動手段はあるか、宿泊はだいじょうぶか、もし高値をふっかけられたらどうしよう、レストランでは何を注文したらいいんだろう、そもそも言葉は通じるのだろうか、そんな不安をいっぱい抱えながら毎日を過ごすわけだから、よほど強靭《きょうじん》な精神の持ち主じゃないとつとまらないように思われるだろう。ところが、いざやってみればいたって簡単なことに気がつく。どれも必要に迫られるから、なんとかなってしまうのだ。もちろんうまくいかないこともあるだろう。しかし、そのかわり喜びも大きい。ちょっとした親切が大きな喜びをもたらすことも多々ある。

以前、モロッコのマラケシュで道に迷ってしまったことがある。英語が通じない。商店で、簡単なフランス語で道を聞いても、相手はただ首を振るばかり。そのうち周囲も暗くなってくる。ところが、そこを通りがかった二人の大学生が、延々といくつもの道をさ迷い歩いてずっと一緒に探してくれて、1時間後に無事ゲストハウスにたどり着くことができた。どうしてもお礼をしたいが何も持っていない。もちろんお金を渡すわけにもいかない。そんなふうにしているうちに、彼らは手を振って闇《やみ》の向こうに消えていってしまったのだった。そういう親切が積み重なってくると、旅の快適さが不自由さを追い抜いていくことになる。**自分にふりかかることのすべてをおもしろがれるかどうかが、旅を楽しめるかどうかの分岐点なのだ。**

観光ツアーだと、もしバスが遅れたりするとみんな不満をぶつけ合うことになるが、旅の場合、もともとなんの予約もしてないので、遅れたっていっこうにかまわない。観光ツアーでは次の目的地への交通手段が決められているので、予期せぬ事故が起こったら大混乱に陥ることだろう。しかし、自分の旅だと、それも仕方がないことだと観念し、事態の推移を眺めながらのんびり過ごすことになる。かつてイスラエルのテルアビブの空港で突然ストライキに遭い8時間も足止めをくったことがある。荷物も預けられないので身動きがとれない。しかも、いつ搭乗券の窓口が開くかわからないので、カウンターの前を離れられない。そのまま8時間。そんなこともいい思い出だ。日本では不測の事態である車のパンクも、アジアやアフリカの諸国では日常茶飯事。そんなことではすぐに動揺しなくなる。

もちろん、ものすごくしんどいこともある。たとえば、南インドのバンガロール近辺を旅していたときの話だが、12時間で目的地まで行けるはずのバスが、7時間ほど走ったのち見知らぬ場所で止まってしまったことがあった。乗客は全員降ろされて、それぞれ三々五々散っていく。こちらは一人で何が起こったのかわからない。運転手に聞いても、ただ、ここで降りて待てば次のバスがやってくると言うばかり。どういう事情があったのかは教えてくれない。では、何時間待てばいいのか、と聞いても、1、2時間でやってくるはず、とまともに答えてはくれない。

その停留所の近くにはお店どころか宿も何も見えない。そこで下車すると、バスはすぐに煙を吐きながら去っていってしまった。午後3時。どうしたものかと思案していると、どこから湧《わ》いてきたか、近くの村人たちが集まってきて、もう今日のバスは終わった、と告げる。いや、そんなはずはない、次のバスに乗れと言われた、とみんなの顔を見渡しながら言うのだが、みんな一斉に首をふる。もしどうしても必要なら車を呼んできてやるよ、と一人が言う。うなずく男たち。いくらになるのかと聞くと、とんでもない値段をふっかけられる。

そのまま近くの石段に腰をかけて待つことにする。しかし、バスが来る気配はまったくない。こんなところにいつまでもいられないと思ってもどうしようもない。すでに1時間は経過している。次第に周囲が暗くなりかけてくる。午後5時。疲れが押し寄せてきて眠くなるのだが、ここで眠るわけにもいかない。そのあいだにバスが通り過ぎてしまったら大変だ。さらに1時間以上が経過する。どこかでこちらの様子をうかがっていた男たちが、そろそろ潮時かと思ったらしく、近くにやってきて、先ほどの値段を大幅に割引して伝える。それでも、とんでもない金額であることには変わりがない。心細い思いを隠して拒否する。どうするつもりなんだ、もう絶対にバスなんて来ないのに、と捨てゼリフをはいて立ち去る男たち。

周囲が闇に閉ざされて、いよいよ野宿かだれかの家に宿泊を頼むかという時間になって、ようやく峠の向こうからバスのヘッドライトが見えてきた。そのときの喜びがおわかりになるだろうか。運転手を信じてよかった。時間にはルーズで、一時はどうなることかと思ったが、これでなんとか目的地まで達することができる。料金も12時間乗ってたった五〇〇円。つらかったり不安だったりすることも、ときには必要なのかもしれない。最悪の事態というのはそう簡単にはやってこないものだと心底知ることができるからである。

04

過ちはなぜ起こるのか

だいたいわれわれの不幸は人生がたった一度限りだからこそ起こると考えられがちである。よく「後悔先に立たず」とか「後の祭り」とかいうけれど、もし人生が一度限りではないとなれば、そんなことわざは成立しなくなるのだろうか。たとえば、あなたがもうすぐ定年を迎えることになったとしよう。これから毎日通う会社もなければ仕事もない。しかし、まだ元気だし収入も必要だ。だいたい家にいると妻にはいやがられるけれど、一人になるともっとわびしい。すべてがこれまでのようにいかなくなり憂鬱《ゆううつ》な気分に陥りやすくなる。仕事を辞めたとたんガンが見つかって1年もしないうちに亡くなった友人もいる。ところが、すでに幾度か転職を経験していると、そんなことはたいしたことではないように思えてくる。

そうなると、やはり人生も二度生きられたほうがいいのだろうか。

たしかに、人生はたった一度限りと考えるから順調に進んでいたことがダメになると絶望的な気持ちになるわけで、もしそれが二度目の挫折《ざせつ》なら別にどうってことない。やり直せばいいとすぐに切り替えられるようになるからだ。けっして経験はムダにならない。結婚だって初めてだと「この人でよかったのか」と緊張するが、再婚なら「まあ、こんなものだろう」とすっと入っていける（はず）。人生で起こることはすべて初めてだとつらいが、いったん経験してしまえばそんなにやっかいなことでもないとわかる。おそらく警察に世話になるのも初めてだと人生も終わりかと思うだろうが、二度三度となると「また戻ってきちゃったよ」ということになる（いい悪いは別）。

人生たった一度限りと考えるからこそ大きな悩みを抱え込むことになる。しかし、ここで立ちどまってよく考えてみてほしい。人生ではいろいろなことがあってもけっしてマイナスとばかりはいえないが（つまり、二度三度となるとずっと気分は楽になるものだが）、それと、人生をもう一度ゼロからやり直すというのとは、心の持ち方に大きな違いがある。後に詳しく検討することになるのだが、人生をもう一度やり直すというのは、それまでの経験をチャフにするということであって、やり直したほうが必ずしも好結果を生むとは限らないのである。

そんなことを考慮に入れたとしても、あなたは人生を二度生きたいと思うだろうか。

人生においてもっとも大切なことの一つは好きな人を選ぶことである。それ以上に大切なことはないといってもいいかもしれない。それにしても、われわれの抱える大きな困難は、恋愛、進学、就職という人生でもっとも大事なことが、人生のごく初めの頃にまとまってふりかかってくるところに起因している。**自分にとっていちばん好きな人を選ぶとき、最初はどうしても間違えやすい。**そして、間違えたまま人生が終わってしまうことも少なくない。

幼い頃から気のあった男の子がいて、そこに突然まったく違う魅力を持った男の子が現れたとする。あなたはどちらを選ぶべきか考える。たしかドラゴンクエストVにもそんな場面があったはず。幼なじみで兄妹同然に仲のよかった女の子と、旅の途上で出会ったこれまで見たこともないほど魅力的な女の子、あなただったらどちらを選ぶだろうか。ドラクエにまでそんな設定が組み込まれるのだから、この問題はかなり普遍的なものだということがわかる。もちろん一方を選んだら、もう一方とは永遠に別れなければならない。これほどやっかいな状況は他にはないだろう。

ここでは、そんな選択の例として、山本周五郎『柳橋物語』（一九五一年）を取り上げてみたい。

05
好きな男が二人いる。あなたはどちらを選ぶだろうか

主人公おせんは幼いときからなかよしの幸太、庄吉という二人の男から愛されている。ところが、ある夜、先に心を打ち明けた庄吉の言葉によって17歳になった彼女の運命は決められてしまう。それまで彼女はどちらを特別好きというわけでもなかったのに、その地を旅立つことになった庄吉の「待っていてくれ」という言葉にうなずいてしまったばかりに、どうにも身動きがとれなくなってしまう。

もちろんそうなるには多少の背景もある。二人が働いている杉田屋の棟梁《とうりょう》を継ぐのは幸太か庄吉のどちらかとされていたが、すでに幸太が棟梁の養子になることが決まっており、庄吉

は出ていかざるをえない立場だったということ、そして、おせんの母にはかつて棟梁との縁談を断った過去があり、その後のおせんを養女にという申し出もまた断っている。そこに、庄吉の「待っていてくれ」という言葉である。おせんでなくとも同じ選択を余儀なくさせられるのではなかろうか。

庄吉がいなくなった後も、これまでどおり幸太はなにくれとなくおせんの身になって尽くすのだが、彼女はそれをきっぱりとはねつけてしまう。幸太の思いを拒絶してひたすら庄吉の帰りを待つおせん。その潔さはかえって心配になるほどだ。ところが、数年経ったある日、江戸は大火に見舞われる。一面火の海と化して、追いつめられたおせんは幸太に助けられながら石積みの陰で泣きつづける赤ん坊を拾ってしまう。

「……親も死んでしまったのに、そんな小さな子をおまえがどうするんだ、死なしてやるのが慈悲じゃないか」

「みんなおんなじよ」おせんはかたく赤子を抱きしめた、「……あたしだってもうながいことないわ、助けようというんじゃないの、こうして抱いて、いっしょに死んであげるんだわ、一人で死なすのは可哀そうだもの」

「おまえは助ける、おれが助けてみせる、おせんちゃん、おまえだけはおれが死なしゃしないよ★06」

幸太は必死の思いでおせんを救い、追いつめられた状況でおせんへのつらくて苦しい気持ちを打ち明ける。

「いや云わせて呉んな、おれはおまえが欲しかった、おまえを女房に欲しかったんだ、おまえなしには、生きている張合《はりあい》もないほど、おれはおせんちゃんが欲しかったんだ」

そして、ついにはおせんのために命を落としてしまう。ほとんど意識を失ったまま助けられたおせんの人生は、大火の際に救い出した赤ん坊を抱いていたことから暗転する。しばらくして帰ってきた庄吉が彼女のところに立ち寄らないのを不審に思ったおせんは、彼がおせんのことをすっかり誤解しているのを知る。庄吉がいないあいだ、いつも幸太が出入りしていたとか、彼の子どもを産んだとか、あらぬことを彼に告げ口する者がいたのである。

いつかわかってくれるはずと信じて待つおせん。しかし、ある日、庄吉が住み込み先の棟梁の娘を嫁にもらったといううわさが耳に入ってくる。おせんは自分の真実の気持ちが彼にまったく理解されていなかったことをようやく悟る。庄吉は彼女を捨てて別の女性と結ばれてしまったのである。そうなって初めておせんは幸太が示した一途な愛に目覚めるのだった。いままで彼女には何も見えていなかったのである。

最後のシーンで、ようやくすべての誤解が解け、おせんを訪ねてきた庄吉に、おせんは次のように言う。

「いつか貴方の云ったとおりよ、あたし幸さんとわけがあったの、あの子は幸さんとあたしのあいだに出来た子だわ、もしも証拠をごらんになりたければ、ごらんにいれるからあがって下さい」

仏壇には、幸太の位牌《いはい》が供えられていた。庄吉は何も言わずに頭をたれて出ていった。

「これでようやく、はっきり幸さんとは夫婦になったような気持よ、あんたもそう思って呉れるわね、幸さん」

よく読みすすめていくとわかるのだが、おせんはもちろんのことだが、幸太も、庄吉も、だれも人を裏切るようなことはけしていない。すべては定められた運命だったかのようである。それぞれが相手に誠実に生きようとしてどんどんうまくいかなくなっていく。もしかして、われわれのまわりでもそういうことはしばしば起こっているかもしれない。よく心を研ぎ澄ましていないと見逃してしまいがちだが、そういう**ささやかな思いのやりとりこそが、人間を人間たらしめているもっとも大切な部分**であり、いわゆる「社会」とか「世間」はたやすくそれをねじ曲げてしまうのである。

それにしても、人がいったん自分で決めたことを翻すには相当のパワーがいるということをまず理解しなければならない。他人に決められたことなら、あれこれ理屈をつけて方向転換することも可能だが、自分でいったん決断してしまうと、それにとらわれて自由に考えられなくなってしまう。一つの決断によって人生が大きく左右されてしまうことになる。では、おせんはどのように振る舞えばよかったのか。

06

「人間どうせ生きているうちのことじゃないの」

山本周五郎。山梨県生まれ。一九三一年東京府下荏原郡馬込村（現・馬込文士村、ちなみにぼくの出生地でもある）に転居する。主に江戸期を中心に市井に生きる庶民の心情を描くとともに、つねに弱い者の側に立ち、権威に背を向けた立場から独自の文学世界を切り開いた。『樅《もみ》ノ木は残った』『赤ひげ診療譚《たん》』（一九五八年）、『青べか物語』（一九六〇年）、『おさん』（一九六一年）、『さぶ』（一九六三年）などの傑作を世に問い、高い評価を得ている。黒澤明《くろさわあきら》が三作品を映画化しているのをはじめとして、その作品の多くが映画化・舞台化されている。

彼自身、**「貧乏と、屈辱と、嘲笑《ちょうしょう》と、そして明日の望みのなくなったときこそ、初めて我々は人生に触れるのだ」**と述べている。このことがいかに大切なことか、あなたはいずれ知るようになる。また、「人間は調子のいいときは、自分のことしか考えないものだ。（中略）自分に不運がまわってきて、人にも世間にも捨てられ、その日その日の苦労をするようになると、はじめて他人のことも考え、見るもの聞くものが身にしみるようになる」と『柳橋物語』のなかで源六に言わせている。こちらも同様に生きていく上での指針となるべき言葉ではないかと思う。直木賞などすべての賞を固辞したことでも知られているが、死後、山本周五郎賞ができたのはまことに皮肉としかいいようがない。

この『柳橋物語』にはかつてわれわれがよく口にした言葉がちりばめられている。そのいくつかをご紹介しよう。

「ああわかって呉れればいいんだ、金があって好き勝手な暮しができたとしても、それで仕合せとはきまらないものだ、人間はどっちにしても苦労するようにできているんだから」

「人間は正直にしていても善いことがあるとはきまらないもんだけれども、悪ごすく立廻ったところで、そう善いことばかりもないものさ」

杉田屋の跡継ぎとなる幸太との縁談を断ってくれと祖父がおせんに言ったこの言葉など、人間の幸せとはいかなるものか改めて考えさせられる。こうした言葉のやりとりを庶民のあきらめの心情と誤解してはならない。ここには一つの生き方の手本が示されている。つつましく生きていけば、多くを求めなくても生きるに十分好ましいだけのものは得られる。いくらうまくやったって、どうしようもない人生を送るはめになることだって少なくない、しっかり地に足をつけた生き方をしたほうがいい、というのである。

もちろん、大金を得たり、商売を成功させたりすることを否定するものではない。ただ、それによって得るものがそれほど価値のあるものとは限らないということである。生きるというのはプラスもあればマイナスもあるもので、それを自覚しておくことがむしろ大切たと説いている。そのことは次のおせんに対する女友達のセリフにも通じるものがある。

「**人間どうせ生きているうちのことじゃないの、**あんたなんか縹緻《きりよう》がいいんだもの、こんな内職なんかであくせくしているのは勿体《もったい》ないわ、苦労するのも一生、面白く楽しく、したいようにして生きるのも一生だわ、ねえ、あんただって好きでこんな暮しをしているわけじゃないでしょう、ぱっと陽気に笑って暮す気にならない、おせんちゃん」

この「人間どうせ生きているうちのことじゃないの」というセリフもかつてはよく聞いたものだが、最近あまり耳にしなくなっている。この言葉には二つの含みがあって、だから、「陽気に好きなように生きたほうがいい」というのと、だから、「我慢していればそのうちすべてがとどこおりなく過ぎていくから」というのとで、どちらも理にかなった助言ではないかと思われる。

とにかく『柳橋物語』がなによりもはっきりと指し示しているのは、だれかと出会うのはけっして偶然ではないということであり、あまりに早い時期の選択は人を惑わせるということである。幸太と庄吉、どちらの選択もうまくいかなかったかもしれないのだが、では、果たしてどこに正解はあるのだろうか。

07 出会いはけっして偶然ではない

ここでは山本周五郎の『柳橋物語』の例を挙げたが、だれかと出会うのはけっして偶然ではないということについて改めてよく考えてみよう。

だいたい人間が生まれつき持っている感情はつねに社会の枠をはみ出る力であって、それを制御するためにはとてつもない努力が必要とされる。言い換えると、人を愛することは反社会的とまではいわないが、それほど社会とうまく折り合うような事柄ではない、ということでもある。われわれは恋愛とか結婚をつい美化して語りたがるが、およそ人々の悩みの多くはそこに端《たん》を発していると思ったほうがいい。人間の持つ感情、とりわけ愛憎の感情は、社会のしきたりとしばしば矛盾するようにできているのである。

では、おせんはどうしたらよかったのか。どうしてこのような「間違い」が起こったのか。そもそも人は自分と親しい安心できる相手よりも、手に入りにくい相手、普通じゃない相手（たとえば不良とか）、自分が持ってないものを持っている相手を求める傾向がある。いまの自分を肯定してくれる相手よりも、自分をどこかへと連れ去ってくれるような相手を求めるということである。そこで迷って、いろいろな選択が生まれる。やはりもとの安心できる相手がいいという場合もあるし、不幸になってもあくまでも自分をどこかに連れ去ってくれる相手を求める場合もあるだろう。両てんびんにかける場合もあるし、安心できる相手を選んでおいて、それはそれとして他の相手ともうまくやるという選択だってあるかもしれない。

一生の伴侶《はんりょ》を選ぶというような、ある意味ではとりかえしのつかない事柄の場合、むしろ正しい判断を下すほうがむずかしいと思い知るべきである。**すべての選択には、それ自身、間違いが含まれている。**つまり、正解と不正解があるわけではないのだ。そんなとき、いかなる振る舞いをするかで、その人間性が知れることになる。だから、おせんのケースでは

「彼女はなぜ間違ったのか」と問うべきではなく、それがおせんの選択である限りにおいては「正しい選択だった」のである。もちろん、おせんが初めから幸太を選ぶという選択もあっただろうが、それも彼女を幸せにしたかどうかはわからない。物語の前提として、かつておせんの母親が棟梁の家に嫁ぐことを断った時点で、おせんにとって幸太はストレートに望ましい相手ではなくなっていたからである。

人はどこかで選択を余儀なくされる。そして、それによって失望し、落胆し、後悔することもあるだろう。たとえどちらの選択にも「正解」がなかったからといって、それなら仕方がないとあきらめるわけにもいかない。一方を選んだことによってもう一方を選べなかったという事実からして、人は必ず後悔せざるをえない状況に置かれてしまうのである。「好ましい選択」と「誤った選択」があるのではない。どちらが正しいかは死ぬまでわからない。いや、もしかして死んだ後になって別の評価が与えられるかもしれないし、いつかまた評価が逆転する可能性だって考えられる。

ある選択を行った結果、あなたは挫折するかもしれない。また、その選択を回避することによってかえって失敗することになるかもしれない。しかし、だからといってどちらかが正しいとか間違っているとかいっても仕方がない。何も起こらない人生は、ないのも同然だ。いくつかの「過ち」を経て、ようやくその人にとっての人生が始まることになる。それまでのあなたは人生を生きていないといっても過言ではないのだ。**選択し、躓《つまず》くところから人生は始まる。**表面的な成功に一喜一憂すべきではない。それがわからない人は永遠に人生がわからないということなのだ。

Lesson 2

あらゆる選択は誤りを含んでいる

01

なぜそんなことが許せないのか

いつの時代でも、人々にとって大きな問題となる事件や社会現象が生まれるものだが、30年ほど前から、どうやらわれわれは幸福な社会づくりに向けて一方的に進化を遂げてきているわけではないということに気づきはじめている。むしろ、われわれの信ずるところに従って進んでいけば、人類はおそかれはやかれ破滅に向かうのではないかという漠然とした不安が世の中に蔓延《まんえん》してきているようである。

その反動かもしれないが、産業革命以来この200年足らずの「モダン」とか近代とかいわれた時代に起こった事柄に対して厳しい目が向けられている。**われわれはどこかで道を**

間違えたのではないかというわけだが、それなら、どこまで戻ってやり直したらいいのだろうか。１００年前？　２００年前？　地球温暖化、自然食、動物保護などに対する強い関心は、そうした社会的風潮に従ったもので、同じく、食品添加物、酒・タバコに対する締めつけの強化なども同じ流れのなかにある。しかし、反省も行きすぎるとろくなことにはならない。

いや、ちょっと近くを散歩してみただけで、この世の中のどこかおかしな様子が目に飛び込んでくる。たとえば、近所の小さな公園の立て看板がいい例だ。ほんのわずかなスペースに、「犬をつれてくるのはやめましょう」「ゴミはくずかごにすてましょう」「ボールなげ、花火等あぶない遊びはやめましょう」「オートバイ、自転車等の乗り入れはやめましょう」「施設や樹木を大切にしましょう」と書きつらねてある。おそらくそれだけでは不安と思ってか、念を入れて最後に、「その他、利用者に危険となる行為、あるいは近隣に迷惑をおよぼす行為はやめましょう」という注意書きが添えてある。さらに、その公園に入ってみると、そこら中に、「野球・サッカー禁止」「近隣の迷惑になります。ハトにエサをあげないでください」というステッカーや看板がめじろ押しだ。

本来ならば、ちょっとボール投げしていたり、縄跳びしていたり、自転車でぐるぐる回ったりしている子どもたちでいっぱいなのが公園であり、そこでぶつかったり、譲りあったり、文句を言ったり、笑いあったりして、さまざまなことが学ばれていくのである。犬を散歩につれてきた人がいれば、子どもたちは遊びの手をとめて犬をなぜたり触ったりする。飼い主も犬の糞《ふん》はビニールに入れて持ち帰る。木の枝に引っかかったボールをとりに子どもたちが木に登って棒でボールを落とそうとする。お年寄りはベンチに座ってその様子をにこやかに眺めている。

果たしてそれは夢物語なのだろうか。この国は1年間で3万人もの人が自殺する国なのに、その対策よりも、自動車の後部座席の人々にシートベルトを強要することに熱心な連中ばかり。シートベルトがまったく不要というわけではない。自分の身を守りたいと思ったらつければいい。なにもかも法律で強要するようなことがあってはならない。

われわれは人生を楽しむために生きている。けっして仕事をするために生きているのではない。食事を楽しみ、飲んで愉快になり、ギャンブルで夢を見る、**そんな当たり前のことがなぜ悪者あつかいされるのか。**世界でも有数の恵まれたこの国で、どうしてそんなバカなことがまかり通ってしまうのか。

食べ物の安全性にしたってよくわからないことになっている。たとえば、いくら異物を排除しても、完全に安全な食べ物など存在しえないことはむしろ常識だ。発ガン性物質が含まれていない食べ物などこの世には存在していない。「有機栽培」「無農薬」「無添加」「産地直送」などの売り文句も、ほとんど飾りか気休めにすぎないことはご承知のとおり。そもそも仏教でも、**人間には生まれつき四〇四病がそなわっている**と説き、**自然と病気と人間は一体だ**と強調しているではないか。すべては程度の問題で、そんなことに目くじらを立てても仕方がないのである。

それより重大なのは、このまま潔癖さと不寛容さが行きすぎて起こる反作用のほうであり、それはすでにアトピー、蕁麻疹《じんましん》、花粉症、気管支喘息《ぜんそく》などの爆発的な流行をともなって、われわれに襲いかかってきている。なんらかのアレルギー症状を示す子どもの割合は驚くべきスピードで増大しており、そちらのダメージに比べたら、少々の食品添加物の害など取るに足らないのではないか。

こうした社会では、どんどん価値観が壊されていく。たとえば、**公園で見知らぬ人に道を聞かれて、教える子ども、逃げる子ども、どちらが正しいのか**と聞かれても、すぐには答えられなくなっている。学校では、知らない人には親切にしてあげなさいと教えられるのに、家庭では、知らない人に声をかけられたら気をつけなさいと教えられる。子どもでなくてもどうしていいのかわからない。ひろさちや『「狂い」のすすめ』（二〇〇七年）にもあったと思うのだが、**駆けっこ競走で転んだ子どもを気づかう子どもと、ひたすらゴールを目指す子ども、いったいどちらが正しいのか。**[★01] 転んだ子どもは気の毒だけれど自己責任だからといって、自分の子どもにはひたすらゴールを目指すように教える親のほうが、いまや多いにちがいない。まだ駆けっこ競走だからいいけれど、もし入試の朝に一緒に学校に向かっていた友人の具合が悪くなったりしたら、いったいどうしたらいいのか。時間は迫るけれど、友人を見捨てることもできない。こういう場合、あなたは子どもたちにどのようなアドバイスができるだろうか。

02 貧乏にもそれなりの価値がある

ぼく自身、どうしようもなくお金がなくなってしまったことがこれまでにも幾度かある。貧乏はつらい。だがそれは、生きるつらさとまったくイコールというわけではない。最近では二〇〇三年の春くらいだったか、お金がまったくなくなってしまったことがあった。すでにその数年前、50代突入というときに「隠居宣言」というエッセイを書き、テレビ・ラジオ・講演などの仕事からいっさい手を引いてしまっていた。さらに大学関係の仕事を含めてすべての仕事からも離れてしまったのだから、収入がなくなるというのも当然だった。それでもなんとかなると思っていたのだからのんきなことである。別に十分な蓄えがあったというわけでもない。

まず、一九八〇年代から長いことテレビや新聞でやっていた競馬予想の仕事から手を引いたのがその始まりだった。いいかげん競馬ばっかりやっているわけにはいかないと思ったのである。なにしろ予想にものすごく時間をとられてしまう。もちろん、いまでも毎週馬券は買っているわけで、競馬を仕事にしないと決めただけのことである。テレビのコメンテーターなどの仕事も全部やめることにした。当時多かった女性誌などのインタビューや対談も次第に受けなくなっていった。そして、いよいよスッキリすべての仕事から引退することになったのである。

そんなわけで、たしかに自由の身にはなれたものの、わずかな蓄えでなんとかやれるかと思ったのが甘く、まったく計画性のない人間の常で、たちまちすっからかんになって、身動きがとれなくなってしまったのだった。さて、どうしよう？

とりあえず、1カ月の食費を二万円で済ませることにした。すべて外食というのがややネックになってはいたが、もともと一日一食くらいしか食べなかったので、牛丼やハンバーガーなどで凌《しの》いでいければ、別に不満もないとわかった。ヒマな時間はほとんど図書館で過ごすことにした。大阪にいたときは豊中市立図書館、東京に移ってからは世田谷区立中央図書館で一日中好きな本を読んで過ごしたのだった。大学教授になってからは必要な本は大学の図書館に頼むとだいたい届けてくれたので、公立の図書館を使ったことはほとんどなく、なんだか学生の頃を思い出してすがすがしい気持ちになった。

こんなときにどう過ごすべきかというと、参考になるのが44歳のときに筆禍事件を起こして黄州に流刑にされた蘇東坡《そとうば》のケースである。「罪人の身で給料が断たれているため、手持ちの資金がドンドン減っていく。このピンチを彼はまた工夫を凝らして切り抜ける」のである。

黄州に着いたばかりのころには、給料が断たれ、家族も多いので、たいへん心配でしたが、極力節約して毎日百五十文《もん》以上使わないようにしました。毎月一日になると、四千五百文の銭を取り出して三十包みに分け、それを天井の梁《はり》にぶらさげておきます。毎朝早く、掛物《かけもの》かけでその一包みを降ろし、すぐに掛物かけをしまってしまうのです。別に大きな竹筒を用意し、（一日分のうち）使いのこした銭を貯金し、これをお客のもてなしに使います。これは賈耘老《かうんろう》（蘇東坡の杭州副知事時代の友人）が教えてくれた方法です。こうすれば手持ちの金で一年余りやっていけます。金がなくなればまた考えます。★02（門人の秦観にあてた手

紙）

なるほど、毎日使える額を決めてしまえばいいわけだ。そうすれば最低限の出費で抑えられることになる。さすが蘇東坡と思ったものの、そんな几帳面《きちょうめん》な性格だったら最初から苦労はしない。すぐにうちの財政は破綻《はたん》してしまった。

特に問題なのは飲み代だった。ぼくは毎晩必ず飲むのだが、その費用はどうやっても捻出《ねんしゅつ》できそうになかった。いろいろ考えた末、外では飲まないで、みんなをうちに呼ぶことにした。これはニューヨークで教えていたときに学んだやり方で、ホストはちょっとしたトルティーヤとかタコスとかチーズとか簡単なものを用意するだけで、それぞれが持参した飲み物を中央に集めて、各自勝手に飲んだり食べたりするのである。これだと毎週パーティをやってもほとんど負担にならない。向こうではアンプを持ち込んでアパートで生演奏するメンバーまでいて、近所迷惑どころの騒ぎではなかったが、それもお互いさまと許容する雰囲気があった。イーストヴィレッジならではのことだったのかもしれない。

渡辺京二『逝きし世の面影』（二〇〇五年）によると、明治期にやってきた外国人の一人チェンバレンは〝この国には貧乏人は存在するが、貧困は存在しない〟と述べているとのことである。[★03] やはり同時期に日本にやってきたW・ディクソンの次のような報告もある。[★04]

東京のいたるところに人力車夫の溜り場があり、四、五人から一ダースほどの車夫が待機している。客をめぐって口論するかわりに、長さの違う紐の束を用いてくじを引くのが彼らのやり方だ。客になりそうなのが近づいて来るのが見えると、彼らはそれをやる。お目当の人物が初めから乗る気などなくて通り過ぎてしまうと、当りくじを引いていた気の毒な車夫に向って笑い声が起る。その当人も嬉しそうに笑っているのだ。

本当におおらかでいい時代だったんだなと思う。粋《いき》を好み、卑しさを嫌う。こういうメンタリティはいまもまだまだ日本人の心のなかに生きているのではないか。

そんな貧乏な状態でも、しばしば学生らと外で飲み会をやらざるをえないこともあった。なにしろヒマなので断る理由もない。仕方がないので出て行って、笑いながら、景気よく飲んだり食べたりした。費用は1カ月の食費を超えることもあった。ただ、ぼくにはちょっとした処世訓みたいなものがあって、それは**「景気がいいときにはじっとして気配を消し、悪いときにはあえて贅沢をする」**というものだ。普通、お金が入ったら贅沢をし、貧乏になったら節約する。だが、そんなふうにしていては自分の状況を変えることはできない。これもカジノや競馬場で学んだ知恵である。

どうにもお金がなくなって、来年までもつだろうかといよいよ不安になったときには、九段下のギャラリーでなんと五〇万もするフロアスタンド（スイスのカラマという女性アーティストがつくった「O嬢の物語」というシリーズの一つ）を買った。みんなからは大いに呆《あき》れられたが、**お金は使わないと入ってこない。それも、必要なものばかりに使っていてはダメなのだ。**こういうときこそ経験がモノをいう。

そんな極貧のなかで読んでもっとも印象に残った1冊が、井原西鶴の遺稿『西鶴置土産』（一六九三年）で、これはさすがに心にしみた。

03

もし大切なものをすべて失ったとしても

いまになって振り返ると、ぼく自身30代後半からはひたすら学問から離れる一方だった。何一つまとまった仕事をする気になれなかった。目を瞠《みは》るような快楽にとりまかれていながら、なぜそれを見ないようにしなければいけないのか。ずっとそう思っていた。アルコール、にぎやかな会話、他愛ない遊び、笑い、美しい女たち、挨拶《あいさつ》がわりの接吻《せっぷん》、媚薬《びやく》、一瞬のうちに大金を得る快感、それらこそ人生のすべてではないか。

ただし、なにごとも中途半端はよくない。バルザックも『あら皮』のなかで、**「詩と同じように放蕩もひとつの芸術であり、たくましい精神の持ち主を必要とする」**

と書いている。★05 仕事の合間にちょっと遊ぶというのではおもしろくない。それこそ命がけで遊ぶことが肝心なのだ。放蕩《ほうとう》は気ばらしとは違う。

とはいうものの、それは言葉でいうほど簡単なことではない。バルザックは、「放蕩もひとつの芸術である」と書いたあとで、以下のように続けている。「その神秘をとらえ、その美をあじわおうと思えば、ひとはいわば入念な研究にいそしまなければならない。あらゆる学問がそうであるように、放蕩もはじめはとっつきにくく、困難をともなう。巨大な障害が人間のおおきな快楽をとり囲んでいる★06」。ちょっとした小遣い銭を欲しがったり、まんまと女をだまして身体を奪ったり、わずかな酒で酔いつぶれたりするのでは、まったく遊ぶ意味がない。それならば、まだまともに生きたほうがましだ。自分の命をすり減らすような「賭け」をしてこそ、ほかの凡庸《ぼんよう》な人間たちには味わえない境地をさまよえるのだ。

バルザックは、放蕩の困難さを説いたあとで、以下のように持論を展開するに至る。「ここでいう快楽とは、ささやかな享楽のことではなく、人間の生活を劇的なものに変え、力を迅速にかつ途方もなく浪費させることによって、人間のきわめてまれな官能を習慣化し、それを要約し、豊かにしていく体系としての快楽にほかならない[★07]」。

だいたい「強すぎる欲望は人間を不幸にする」というのが常識だが、では、適当なところで満足できるような欲望は人間を幸せにするのだろうか。そういう意味でも、『西鶴置土産』は多くの示唆に富んでいる。西鶴の死後に発表されたものなので、その内容についてはどう解釈するかでいろいろ議論も分かれているのだが、そのあたりの事情はまた別の機会に譲るとして、ここでは『西鶴置土産』のなかの「人には棒振《ぼうふ》り虫同然に思はれ」というエピソードについて、簡単に要約してみたいと思う[★08]。「棒振り虫」とは蚊の幼虫、ぼうふらのことである。

女郎買いで身上をつぶした男が、落ちぶれて金魚のえさ（ぼうふら）を売って商売している。すると、そこにかつて一緒に遊んだ連中が通りかかる。こんなところで会ったのも何かの縁だし、ちょっと飲まないかということになり、彼は、近くの茶屋で「これっきりだ、酒をくれ」と、その日の商売で得た代金二五文（約六〇〇円）を投げ出した。それは家で待つ妻子のための大事な金なのに、そんなそぶりも見せない。

彼の名は「伊勢町の月夜の利左衛門」（通称「利左」）といい、かつての遊び仲間のあいだではちょっとは知られた男だった。そんな利左のあまりに落ちぶれた様子に、「自分たちが引き受けて面倒をみるから」と、かつての遊び仲間が提案しても、「これは自分が好きでなった身の上だから、好意はありがたいが、いらぬお世話である」とまったく取り合おうとしない。

さらに、ちょっと近くだから利左の家に立ち寄っていこうということになるのだが、そこはなんともいえない貧しい住まいで、寒いのに子どもは裸のままだった。彼の妻はかつて入れあげた有名な女郎（吉州）で、一緒にここまで落ちぶれてしまったわけだが、彼女にも真心があり、こうしてなんの不満も言わず一緒に暮らしているのだった。お茶をいれようにも薪さえなく、こわれかけの仏壇の扉をたたきわって火にくべる始末。

その様子を見た客たちは哀れに思って、引き上げるときに持ち合わせていたお金を出し合い、天目茶碗《てんもくぢやわん》に入れて、そっと出ていった。その額、一歩金三八、細銀七〇目ほど（いまの一〇〇万円くらいか）、かなりの大金だ。そうして、彼らが暗くなった夜道を歩いていると、後から利左が追いかけてきて、「筋の通らない金を貰《もら》うわけにはいかない」とつっかえす。

仕方がないので客たちは2、3日後に女房宛に届けようとするのだが、すでに家はもぬけの殻になっている。最後のオチは、かつての遊び仲間たちは利左の落ちぶれようを見て、女郎買いをやめたために、なじみの遊郭の3人の女郎たちが大きな損失をこうむった、となっている。

この話のすばらしいところは、かつての栄華をきわめた暮らしからどん底に落ちてしまったにもかかわらず、利左が「女郎買いの行く末がこうなるのは当り前」と、まったくそれまでと変わらぬ気持ちで生きている点であろう。どんなにお金が必要かわからないのに、日がかりで稼いだお金で友人たちをもてなし、彼らが好意で置いていった大金をあっさり拒絶してしまう潔さ。どんなに貧しかろうが、彼にはそんなことは関係ないのである。後になって情けをかけられるのを嫌い、即座に居を移すという点をも含めて、なかなか普通の人間にできることではない。

04 放蕩の果てに何が見えるか

西鶴の遺稿『西鶴置土産』は、「好色に遊んだ人々の行く末には悲惨なものがある」というように読めるようになっているのだが、そんな読み方をしていては何もわかったことにならない。たしかに、表面的には好色を戒める道徳的な教えとして読むこともできなくはないが、実は、**だれの人生にも浮き沈みはあるもので、そんなとき、どのような態度をとるべきか**というのが、西鶴の言いたかったことではないかと思う。それゆえに女郎買いして身上をつぶした人々に対する彼の視線はやさしい。

西鶴といえば、『好色一代男』でよく知られているが、才覚一つで富を得た大坂商人たちを描く『日本永代蔵』『世間胸算用』もまた有名である。彼は芭蕉《ばしょう》や近松門左衛門《ちかまつもんざえもん》とほぼ同世代を生きたわけだが、どちらかというと金もうけと色恋とを好んで描いた戯作者と思われてきた。それゆえに、明治期に入って再評価されるまで、西鶴の存在は長いこと黙殺されてきたのだった。しかし、もともと俳諧《はいかい》の出であったためか、そのきわめて簡潔な文体および表現力は当時から抜きん出ていたことがわかる。

彼自身、遊郭での遊びなどその場限りのものでしかないと書いている。「世界の偽《うそ》かたまって、ひとつの美遊となれり」（美遊とは愉快な遊びを指す）と書いており、また、「揚屋《あげや》に一日は暮しがたし」、ただし、「この里やめたるは独りもなし」と続けている。つまり、遊郭ではだれも本当のことなど話さないし、そんなことを求めたら一日たりともいられなくなるという。ただし、だからそんな遊びはやめたほうがいいというのではなく、それでも遊郭通いをやめた者がいないのは不思議なことだ、ととぼけてみせる。彼は **〝遊びの極致とは、『まこと』のない境に『まこと』を幻術すること〟** だと考えている★09。しかも、この遊びの深いところは、すべてを失って零落しないと埒《らち》があかない点で、いわゆる「わかっちゃいるけどやめられない」ものだと西鶴は深く理解しているのであった。

この「懲りない」連中をテーマにして『西鶴置土産』は書かれているわけで、そういう意味では、女遊びはやめたほうがいいという教訓とはとても思われない。一度大きな喜びを感じて、後にそれをすっかり失ってしまった者は、最初から喜びを持たなかった者とは大きく違っている。その差は人生を生きたかどうかというほどの違いで、山本周五郎の「人間どうせ生きているうちのことじゃないの」という言葉がここでも背景に鳴り響いている。生きるとはできるだけ大きな喜びや感動を経験することであり、破産や没落をおそれてちまちまと保身に走るようなことであってはならないのである。

その点、『西鶴置土産』のなかの巻三「子が親を勘当さかさま川を泳ぐ」は、そこまでやるかというような（むしろ、滑稽《こっけい》な）内容になっている。そちらにもちょっとだけ触れておきたい。★10日本橋の酒屋の隠居は、60歳を過ぎてもなお吉原通いにうつつをぬかしている。息子のほうは28歳になる今日まで仕事一筋でやってきた。しかし、あまりに親が散財するので、思い余って息子のほうから親を勘当せざるをえなくなる。手切れ金一五〇〇両（いまなら六〇〇〇万円くらいか）。しかし、親父はみごとに後先も考えず吉原でたちまちすべてを使い切ってしまう。

いまや横丁の小さな借家に住み、鯉《こい》の刺身をつくって1皿いくらで売り歩いている。そのあたりの展開は先ほどの「人には棒振り虫同然に思はれ」の話とよく似ている。それでも、心残りはまだ花紫太夫をものにしてないことで、これから30年は長生きして思いを遂げて見せようと思っている。せがれは、あんなにまじめでは、そのうち女房をもったら3年か5年のうちに死んでしまうにちがいない。そうなったら息子の遺産を丸取りにしてやることにしよう。それならそうと、「いっそのこと一日も早く、息子めにたくましい嫁を授けていただきたい」と願掛けする始末。

しかし、西鶴の視線はここでも思いがけずやさしい。とんでもない親もいるものだと非難するのではなく、その執着ぶりをおもしろがっている様子。むしろ、西鶴自身、息子のような堅物はそう長くは生きられないだろうと考えているようにも受け取れる。そのあたりは、奥村康『「まじめ」は寿命を縮める 「不良」長寿のすすめ』(二〇〇九年)の教えそのものだ。奥村康によると、**まじめで従順な人よりもちょっと不良でよく笑う人のほうがずっと長生きする**というのである。★11

まじめな人は、「未来の不安」からも追いこまれますね。失業するのでは。ガンになるのでは。ボケるのでは。妻に捨てられるのでは。老後のお金が足りなくなるのでは……。でも、人生はもともと一寸先が全く読めなくて、思ってもみないことが次々に押し寄せるものです。取り越し苦労にはキリがなく、心配するほどガン細胞が増えるから、自分にムチ打ち続けるのと同じなんです。

（中略）

フィンランドでは管理職を「まじめ」と「不良」の2つのグループに分けて、15年間追跡調査しました。結果はタバコも酒もごちそうもやめて医者に通って健康管理していた「まじめ人間」が多く死に、飲めや歌えの「不良」の方は、元気に生きのびていたそうです。

ついでに付け加えておくと、イギリスでのことだが、「45歳から59歳までの918人の男性を10年間追跡調査したら、異性にムラムラッとする回数が多い人ほど死亡率が低かった」という調査結果も残されているとのことである。なんだか元気が湧いてこないだろうか。

森山重雄は『西鶴の世界』（一九六九年）で、「利左が零落したことは、廓の立場からみれば好色の結果であるが、彼はたんに没落したのではなく、遊女吉州との仲をつらぬいて、貧しいながら家庭をもっている。それが利左を昔から支えていた意地であり、零落しても失わない何ものかである」と論じている。[★10] たとえば、かつての遊び仲間たちは、利左の落ちぶれようを見て、女郎買いをやめることにしたわけだが、利左のたどり着いた境地と彼らのそれとのあいだには決定的な違いがある。最初から保身を考えたら、だれが女郎買いなどするものか。そこを突き抜けないと見えないものがあるということなのだ。

利左には「あのとき、ああしておけばよかった」とか「どうしてこんなことになったのか」というような後悔の念が少しも見られない。自分の身に起こったことをすべて自分の責任で引き受けるという覚悟のようなものさえ見てとれる。それに対して、かつての遊び仲間の場合は、ただ零落をおそれて身を引いただけのことで、それだけで利左に負けているのである。

生きることは遊ぶことであり、そうなると、徹底的に生きるというのは限界を超えてまで遊ぶということを意味することになる。中途半端に遊ぶくらいなら遊ばないほうがいい。一億持つ人は一億使えばいい。一〇万持つ人は一〇万使えばいい。その人にとってのクリティカルな（ぎりぎりの）金額を賭けられるかどうかだけが問題なのである。その限界点を楽しむのが遊びであって、賭けの喜びはそこに近づくにつれて等比級数的に高まっていく。

西鶴自身、晩年はかなり零落した人生を送り、一六九三年、52歳で没したと伝えられている。果たしてその人生は幸せだったのかどうか。度を越して破産する連中を世の中の人々はあざ笑うが、果たして自分たちのほうが幸せだといえるのかどうか。西鶴の人生は西鶴にしかわからないのである。

05

先がわかればなんにもこわくない

なんでも初めて出会ったものはちょっとこわい。40代とか50代になって突然会社を辞めなければならないとなったら、顔も真っ青になって落ち込んでしまうのは当然だろう。最初の離婚が大変なことに思えるのと同様、最初の離職も天地がひっくり返るほどおそろしい出来事に思われがちである。ところが、先にも述べたように、もしあなたが一度でも会社を辞めたことがあれば、離職なんてそんなにたいしたことではないように思えてくるだろう。派遣の女の子などは辞めることになっても少しも驚かない。そんなことは日常茶飯事で、どこへ行っても同じだと心得ているからである。

なんでもこわいのは最初だけなのだ。人間に限らず、生き物は最初の出会いに弱く、すぐに適応できないようになっている。もしあなたが旅に出て、外国で飛行機から降りて市街地を目指して走るバスから外を見たら、ましてやそれが夜だったら、こんなところには長くいられないと思うことだろう。1年で200日も旅しているこのぼくが言うのだから間違いない。見知らぬ街は人を不安にさせる。**人間にとってもっともこわいのは「不確かなもの」、どう対応していいのかわからないものである。** わけのわからない痛みとか、いっさい何も見えない暗闇とか、どこからくるかわからない攻撃とかに、人はなかなか耐えられない。逆に、どんなに激しい痛みでも、「あっ、ちょっと胃が傷んでますね、飲みすぎでしょう、いまお薬を渡しますから」とか言われると、たちまちのうちにケロッと治ってしまう。この世には、原因さえつきとめられたら、そんなにこわいものはないのである。

よく考えると、われわれの人生には、つねに不確かなものとか理不尽なものが立ちはだかっていて、それらを片づけないと前に進めないようになっている。どうでもいいことにこだわる上司とか、いくら言っても間違える仕事相手とか、いつも善意が裏切られる友人とか、指示どおりに組み立てたのにぐらぐらする本棚とか、自分の家の前に限って糞やおしっこをする犬とか、数え上げたらきりがないほどだ。さて、そんな場合どうすべきなのか。

答えは簡単だ。それこそ前にも述べたように、いったん背負い込んだトラブルも、二度目となるとあまりたいしたことに思えなくなる。定年を迎えた男たちがウツになったり、それでなくても気持ちが落ち込んだりするのも、同じ理由によるものだということである。そうなってくると、多重債務者の気持ちもよくわかるし、前科10犯というのも(いい悪いは別として)納得できる。何事も初めての事態にはどう対処していいかわからないので必要以上に深刻にとらえてしまうのだが、すべて経験が痛みを緩和させてくれるのである。つまり、答えは、なるべく多くのトラブルを経験しなさいということに尽きる。それが人生というものなのだ。やっかいなことがいっぱいあれば、「ああ、人生ってこんなもんだよなあ」とため息をついて終わりだが、そのどれか一つをとことんまで追求しようとすると、たぶん神経衰弱になってしまうのではないか。

自分から進んでトラブルを経験するなんてまっぴらごめんという人もいるだろうし、わざわざそんなことをする必要などないという人もいるだろう。もちろんそれはそのとおり。しかし、他にパーフェクトな解決法はない。そもそも自分からトラブルに陥らなくても、そうなってしまうのが人生というものだ。まともに考えると、われわれは自分の身にふりかかった「災厄」に対して、つねにもっとも合理的な処方箋は何かと考えがちである。しかし、それでは当然うまくいかないことになる。つねに後手に回ってしまい、おそらく効果的にトラブルを回避することはできないだろう。いろいろと振り回された後で、ぐちゃぐちゃにされ、落ち込んで、病気になったりするのがオチである。

ニーチェには有名な「怪物と戦う者は、自分もそのため怪物とならないように用心するがよい」という言葉があるけれど[★13]、どんな不確かなものが襲いかかってきたとしても、それに合理的に対処するというのではなく、こちらもそれに対抗して不確かでいるのがもっとも好ましいやり方ではないかと思われる。自分自身を正体不明にしておくこと、何が起こってもそれを吸収できるような柔軟な立ち位置を確保すること、どこを攻められてもダメな部分を切り捨てて、つねに同じ好ましい状態でいられるようにしておくこと、できる限り失ってはならないものを持たないこと、そうした生き方をしていれば、どんなトラブルでも効果的に処理できるということになる。

『西鶴置土産』の利左は、そういう意味では、最後まで世間体というものに固執せず、あるがままの状態を受け入れようとした点で、さすがに「伊勢町の月夜の利左衛門」といわれただけのことはある。彼が友人たちになけなしの二五文で酒をおごったのを「みえっぱり」とか「ええかっこし」とか言うのは、とんでもない見当はずれであろう。それは利左の潔さの表れであり、徹底的に自分の選んだ道を肯定することによって、彼自身、自分の運命を引き受けた証拠とみることもできるのである。

06
まずいクロワッサンよりおいしいクロワッサン

もう一度くりかえすが、好ましくないのは何も考えないで放蕩に走り、それによって躓く人を見て、自分は「ああはなりたくない」と適当なところで引き返してお茶を濁す連中のほうではないかと思う。何も失わないで生きているつもりが、最初からすでに大事なものを失っているのだ。テレビを見ながら不倫した芸能人や事件を引き起こした犯人を非難して溜飲《りゅういん》を下げている連中などもそうした部類の人間といえるだろう。自分だけ正義のつもりでいられても困る。だれにでも事件は起こりうるし、それは特別な極悪人や運の悪い人間にのみ起こることではない。

成功する人間と失敗する人間がいるのではない。うまく立ち回ったとしてもうまくいかないときはうまくいかないもので、まずはなによりもそういう自覚が必要だということである。あらゆる過ちは選択ミスから起こると思われがちだが、選択できるからといって、必ずしもそれがいいことばかりではない。たとえば、ミシュランガイドを開けばおいしそうな店がいっぱい載っている。いろいろ読めば読むほど迷ってしまう。しかも、おいしさの基準なんて人それぞれだから、どの店が上か下かなんてだれにも判断がつかない。もっとも大事なことは、お店で出す料理そのものよりも、「だれと一緒に行ったか」で決まるということだ。ちょっと苦手な上司と食べに行っても心から楽しめないが、本当に好きな相手とならば少々庶民的な食堂でも十分満足できるはず。万事そういうことではなかろうか。

あまりよい店を知らなければ、自分が通う店のなかからおいしい店を探し出す工夫も生まれる。たとえば、ぼくは東京の大森生まれでそばがなにより好物なのだが、別に名の通った店まで電車に乗って出かけることはない。そば通が眉《まゆ》をひそめるような、近所にあるやや甘めのつゆを出す普通のそば屋で十分だ。そば屋をこちらの基準に合わせるのではなく、こちらの好みをそば屋に合わせるのである。かえっておいしいそば屋にばかり通っていると近所のそば屋には入れなくなる。そちらのほうもまた問題ではなかろうか。

ぼくはパンにそれほどのこだわりはないが、たとえば、**おいしいクロワッサンを食べるとまずいクロワッサンに喜びを感じなくなる**のは当然のことであろう。サハラ砂漠で食べるパンはベーグルよりも硬くて、最初はとても食べられそうにないと思われるのだが、そのおいしさに目覚めてからは、どうしてもそのパンじゃないと身体が受けつけなくなるのだった。そして、そのパンはなにも特別なパンではなくて、モロッコのどこにでもあるものなのだ。日本のようにいろいろな種類のパンがなくても、それさえあれば十分楽しめるのだった。あくまでも、喜びとは相対的なもので、おいしいものを知ればまずいものが食べられなくなるし、逆に、どんなにひどいものでもちょっとしたことが喜びの対象となるのである。もちろん、それはサハラ砂漠で食べるパンにあてはまることではなく、あのパンはどこにいてもずっと食べたくて仕方がないほどおいしいということをここでお断りしておかねばならない。

つまり、人よりおいしいパンを求めたり、お金がもうけられる仕事を望んだりすることは、もちろんだれもが心に秘めた願望であるにはちがいないけれど、それによって生き方まで左右されるべきではないということである。たいていはどうでもいいことなのだ。成功した人を羨《うらや》んで、その人が失敗したり没落したりすると喜ぶような心がけであってはならない。どんなに美しい女性でも、結婚相手は一人しか選べないし、必ずしもすてきな人をゲットできるわけではない。それほど目立たない女性でも、自分が望んだ相手と一緒になることもできるわけだし、あまり他人と比較しないことである。そんなことより、ありのままの自分でいられることが大切で、そういう環境を維持できるように努めたほうがいい。自分が置かれた立場をつねに肯定できるように生きていくことができれば、多少の優劣などふっとんでしまうにちがいない。

もしあなたが海外の支店長に抜擢《ばってき》されたとする。栄転だ。これで出世の道は保証されたも同然である。しかも、現地ではすばらしい邸宅が用意されていて、メイドも運転手もついており、至れり尽くせりの待遇だという。だれもがあなたの幸運を信じることだろう。しかしながら、運命はそう一筋縄ではいかない。現地であなたは何かのトラブルに巻き込まれ、瀕《ひん》死の重傷を負って、いまや入院中の身の上となったとしたらどうだろう。必ずしも支店長への抜擢は好ましいことではなかったといえるだろう。

もしあなたが会社の上司と折り合いが悪くて会社を辞めることになったとする。大きなストレスを抱いて、あなたは自分の人生を呪うかもしれない。しかし、後に新しく起業したビジネスが成功し、またたくまに従業員５００人以上の会社へと順調に成長を遂げることになったとしたら、結果として会社を辞めたことは間違いではなかったことになる。もしかして会社に残っていたら、そのうちひどい胃潰瘍《いかいよう》になって手術を受けるはめになったかもしれない。

どんな選択にせよ、**あらゆる選択には誤りが含まれており、成功か失敗かはそう簡単には判断がつかない**のである。そのときには成功に見えても後に大きなトラブルを抱え込むようになったり、失敗に見えて大きな成功と結びつくことだってある。それはあなたが生きているうちだけのことではない。あなたの判断が正しかったかどうかは子どもや周囲の人々のその後の生き方にも影響を与え、どこまでも因果の結びつきは果てしなく続くことになるのである。

Lesson 3

金持ちはみんな不幸?

01 大金持ちは二度死ぬ

ギリシアの海運王アリストテレス・ソクラテス・オナシスの名前を知っている人は、いまどれだけいるだろうか。一九七五年に死亡したオナシスは、難民からはいあがって海運王として一世を風靡《ふうび》しただけではなく、世界一のプリマドンナといわれたマリア・カラスを愛人にし、アメリカのケネディ大統領の夫人だったジャクリーンと結婚し、その後も浮名を流しつづけて、この世で欲しいものはすべて手に入れたといわれた男である。

その孫のアティナ（アシーナ）嬢が18歳になり遺産の一部を相続することになったというニュースが流れたのが二〇〇三年一月のこと。その額三〇〇〇億円以上。事情がまったくわかっていない人は、乗馬が趣味の彼女がこれからさらに優雅な人生を歩むことになるだろう、と思ったものだった。しかし、なんでもそうだが「過ぎたるはなお及ばざるが如し」で、アティナ嬢はけっして幸福な人生を歩んでいるとはいえなかったのだった。

たしかにオナシスの経歴を読めば、これほど幸福な男はいないと思うことだろう。しかし、彼の晩年はだれよりも不幸だったというしかない。オナシスには最初の妻ティナとのあいだにアレクサンダーとクリスティーナという二人の子どもがあり、そこまではすべて順調だった。ところが、一九六〇年に離婚が成立した後、マリア・カラスと9年間連れ添い、一九六八年にはジャクリーンと結婚することになるわけだが、そのあたりから彼の人生はさまざまなトラブルにつきまとわれることになる。

そのきっかけは、一九七三年、オナシス帝国の継承者である息子アレクサンダーが小型機墜落で事故死したことだった。その翌年、息子の死にショックを受けたオナシスの前妻ティナ（アレクサンダーの母）が睡眠薬の飲みすぎで変死体として発見される。一方、マリア・カラスも、睡眠薬多用の結果、心臓発作を起こし、オナシス自身、一九七五年に肺炎をこじらせてこの世を去ったのだった。

そして、いよいよオナシスの一人娘クリスティーナの番がやってくる。彼女も結婚には恵まれず、何度か離婚をくりかえした後、一九八五年パリのアメリカ病院でアティナ（祖母の名前をとった）を産んだが、一九八八年に薬物中毒の末37歳の若さで変死を遂げることになる。そのクリスティーナは次のように語っている。「私が心から願っていたのは、父親の健康が回復することと、私のお金ではなく、私そのものを愛してくれる男性にめぐり合うことだった。幸せをお金で買うことはできない。そのことは、私たち一家が身をもって証明している[★01]」。ついに彼女の願いは叶《かな》えられることはなかったのだった。

この不幸な一族の運命はこれだけでは終わらない。オナシスの莫大な財産の多くは孫のアティナに継承されることになるわけだが、それによって彼女も多くのトラブルを抱えこむことになる。彼女は幼い頃から誘拐事件などに巻き込まれたりしたあげく、いまや遺産をめぐってオナシス財団と裁判で争っている始末。とても幸せとはほど遠い状況である。

貧乏人はお金があれば幸せになれると思っているが、お金があるとそれだけ不幸になる確率もさらに高くなるものである。金持ちはあらゆる意味で困難を抱えてしまう運命にある。ここに詳しくは書けないが、いわゆる有名人のほとんどが人知れぬ大きな不幸を身内に抱えていることはよく知られた事実である。あまりに当人が突出した富を得たりすると、その災いは周囲の一番大切な人物のところにふりかかることがある。もしあなたが自分の子どもを心から大切に思うのならば、幸運を独り占めするようなことはやめたほうがいい。だれかを蹴落《けお》としたり傷つけたりすることも避けるべきであろう。**幸運は自分のもっとも弱いところに不運となって戻ってくる**からである。

02
酒池肉林

それでも、われわれはお金があったらなんでもできると思っている。異性だってみんな寄ってくるにちがいない。どんな幸せでもゲットできると思っている。ところが、現実にはなかなかそうはいかない。異性が寄ってこなかったのは、お金がなかったからではなく、もっと別の理由によるものだったのである。ただ、普通の人にはできない贅沢が手に入ることは間違いなく、別荘、高級外車、山海の珍味、世界一周旅行などを楽しむことができる。しかし、それも程度の問題で、感覚的な喜びはすぐにマヒしてしまう。夢から醒《さ》めるのは時間の問題なのだ。それなら、考えられうるもっと大きな贅沢とはいかなるものだろうか。ちょっと想像してみてほしい。

井波律子『酒池肉林』（一九九三年）には数多くの例が挙げられており、古今東西の贅沢について見わたしてみると、さすがに中国の贅沢が飛びぬけていると指摘されている（ちなみに以下の引用文中の「紂《ちゅう》」とは中国古代殷《いん》王朝の亡国の天子のことである）。

宮崎市定著「中国における奢侈の変遷」は、こうした紂の奢侈を、「（紂は）単に酒池肉林でいわゆる長夜の飲をなしたのであって、当時の奢侈は何でも分量を貴んだ」のだと定義している。さらに「奢侈」という文字からして、もともと「奢は大きな者と書き、侈は多い人と書き、いずれも分量的な意味を離れない」とも述べている。★02

つまり、どんな場合も、財宝、後宮三千の美女、絢爛豪華《けんらんごうか》な食事、巨大な建造物、大遠征など、蕩尽《とうじん》の限りを尽くすといっても、それはいずれも物量作戦に他ならない。見すると豪華に見えるが、あくまでも見かけだけのことで、それ自身からくる喜びはそれほどたいしたことはない。それなら、贅沢の質というものを考えると、いったいどういうことになるのだろうか。

ロマネ・コンティを飲んだり、ベル・エポックを飲んだりするのも、たしかに贅沢には違いないけれど、そこまでいかなくても別にもうちょっと安いワインやシャンパンでも十分満足できるはず。しかし、贅沢の質に凝りだすと、とんでもない世界が待っている。

たとえば、清朝の『紅楼夢《こうろうむ》』のなかで繰り広げられる凝りに凝った貴族的贅沢は徹底している。そのなかに、劉ばあさんなる老婆がナスの料理「茄鯗《かしょう》」をごちそうになり、あまりのおいしさにびっくりする場面が出てくる。劉ばあさんにはその素材がナスだとは信じられない。すると、相手は以下のようにその作り方を説明する。

「簡単ですわ。とれたてのナスの皮をむき、きれいな身だけをのこし、これを千切りにして、鶏油で揚げます。別に鶏のむね肉と香菌《しいたけ》、新筍《しんじゅん》（はえたてのタケノコ）、蘑茹《まじょ》（キノコの一種）、五香腐干《ごこうふかん》（五種類の香料を入れ豆腐を煮て乾《ほ》したもの）、いろいろな乾した果物を、すべて千切りにし、（ナスといっしょに）鶏のスープに入れてとろ火で煮込んでから、ごま油をちょっと入れ、さらに酒糟《さけかす》で作った油を加えてかきまぜ、甕《かめ》に入れて厳重に封をします。食べる時には、いためた鶏爪《けいか》（鶏の足の肉あるいはむね肉を賽《さい》の目に切ったもの）とちょっとまぜれば、それでいいのですよ★03」

なんという手の込んだことだろう。果たしてこれでもナスの料理といえるのだろうか。劉ばあさん、それを聞いて感嘆することしきり。たかがナスを食べるだけで「十羽ほども鶏がいりますな。これほどの味がするのも道理ですわい」となったという。

たしかに、こういう贅沢こそ本当の贅沢という気もするが、そうした喜びにはそれを受けとめるだけの資質が要求されることになる。山奥に分け入って、さまざまな樹木や草花を見て、次々とその名を言い当てるのも才能だし、ハイウェイを走る車の車種をすべて言い当てるのも才能だ。美食というのも単にそうしたいくつかの才能の一つにすぎないのではないか。果たしてそれほど突出した贅沢といえるのかどうか。

あらゆる快楽は、想像しているうちがもっとも楽しく、現実にやってくるとちょっとだけテンションが下がり、そして、快楽が去ってしまうと、またしみじみと喜びを嚙《か》みしめることができるようになる。つまり、**喜びは、想像力と同じで、先にやってきて、また後でよみがえる**のである。自分の目の前にその現実が立ち現れているときには、自分が想像したより大きくは喜べないものなのだ。このタイムラグが快楽の味を深めるのであるが。

では、いきなり大金を得た人々はどうだったのだろうか。彼らの立ち居振る舞いおよびその後の運命を、いくつかの例をもとに考察してみたい。

03 宝くじで夢を見る

カジノのスロットマシンや宝くじで大金を得た人々がその後さまざまな不幸に見舞われた話は数え切れないほどある。それを特集したブログまであるくらいだ。そもそも宝くじ高額当選者のために『その日から読む本　突然の幸福に戸惑わないために』が出ているように、幸運は大きな不幸と隣りあわせなのである。ちなみに、ここでいう高額当選者とは、宝くじ、ロト6、ミニロトで一〇〇〇万円以上当てた人を指しているのだが、多くの人が山の頂から谷底へと転げ落ちてしまっている。ここに、そのなかからいくつか例を挙げてみよう。

宝くじで三億ドル（三六三億円）当てたジャック・ウィテカー氏（当時55歳）の場合はかなり

深刻だった。それは二〇〇二年のクリスマスイヴのことだった。彼は税引き後、一括払いによる減額分も含めて一〇七億円を受け取り、そのうち一一億円を慈善団体に寄付した（為替レートは当時のもの）。しかし、大金を得たのはまさに不幸の始まりだった。ウィテカー氏はそれまでにも建設業で成功して裕福な暮らしをしていたのだが、大当たりの金額は桁《けた》はずれ。報道陣に追われ、友人たちには借金を迫られ、いつのまにか酒びたりの日々を送るようになる。

そうして、彼はアル中（飲酒運転）で幾度も逮捕され、さらに自宅も会社も窃盗被害に遭い、妻は家を出てしまうし、孫娘のブランディ・ブラッグさん（当時14歳）は誘拐をおそれて通学困難となり、3年後に変死体で発見されることになる。遺体からはコカインが検出されている。

ウィテカー氏は語る、**「私はただ宝くじに当たった愚か者として語り継がれることになるだろう。できることなら、人助けにつとめた人物として記憶に残りたかったのだが[★04]」。**

彼の場合、すぐに多額の寄付をしたにもかかわらず、次々と襲ってくる災厄から自分の身を守ることができなかった。お金にはそれほどの威力があるということである。とにかく当たったということをだれにも知られてはならないのだが、そんなことは不可能に近い。自分にだけもたらされた幸運を人にしゃべらないでいることなんてできるはずがない。しかも、どんなにお金に左右されないように生きてきたといっても、それだけの大金となると使わないで我慢しているわけにもいかなくなる。それだけでもずいぶんと生活態度が変わってしまうはずだ。

そして、これまでくりかえし述べてきたように、幸運が舞い込んできた人のまわりには悪いことが起きやすい。それも自分がもっとも大切に思ってきた相手や子どもに災いがふりかかることになる。それだけはどうしても避けたいことなのだが、いくら用心していてもうまくいかないものなのである。ウィチカー氏の妻ジュエルさんも、後に、「**宝くじが当たって家庭が台なしになった。くじを買って後悔している。破り捨ててしまえばよかった**[★05]」と地元紙に語っている。

たとえば、二〇〇三年の国営宝くじで一九〇万ポンド（約三億八〇〇〇万円）を的中させた女の子（当時16歳）は、スーパーのレジ係として働いていたのだが、彼女も大金を手にすると同時に悲惨な運命にもて遊ばれることになる。10代で大金を手にした彼女のところには嫌がらせの電話が殺到し、自宅は強盗に入られ、当選金で建てたバンガローには損壊の被害が絶えなかったという。さらに、交際相手とのトラブルも続出し、ボーイフレンドとのあいだに訴訟沙汰が勃発《ぼっぱつ》したという。その後、新たなボーイフレンドともうまくいかず、母親との口論をきっかけに自宅の浴室で睡眠薬20錠、鎮痛剤40錠を飲んで自殺を図ったのだった。なんとか一命をとりとめたものの、彼女自身、大金が必ずしも幸せを運んでくるとは限らないものだと痛感させられたのだった。

もっとも大きな災いは周囲の人間が信じられなくなることで、宝くじがきっかけで愛情関係が壊れてしまうケースも少なくない。それも、恋人や妻といった自分に近い相手との関係ほどダメになることが多いという。この「人を信じられなくなる」というのは、大金持ちの娘であるとか、とんでもない美貌《びぼう》の持ち主が、自分の結婚相手を見つけるのが困難になるというのとよく似ている。「いったい相手は自分の何を好きになってくれたのか？」「自分の親の財産が目的ではないのか？」「ただ自分の見かけに魅《ひ》かれただけで、本当の自分をわかってくれているのか？」というような疑問が次々と湧いてくる。だれでも自分にとんでもない幸運がふりかかったとなると、近寄ってくる他人に対して多少とも懐疑的にならざるをえないものである。では、いったい「本当の自分」とは何だろうか。

さらに、これは笑えない話であるが、二〇〇四年の読売新聞によると、ロンドンで終身刑の連続婦女暴行犯が宝くじで七〇〇万ポンド（約一四億円）当てたということで大騒ぎになったことがある。彼は連続婦女暴行の罪で一九八九年に終身刑の判決を受け、英国南西部グロスターシャーの刑務所に足かけ16年間服役していたのだが、法務当局が認めた外出の際に宝くじを購入、それがまさかの大当たりになったのだった。★06

英国では、受刑者が宝くじで得たお金を持つことは正当化されているが、刑務所では一日わずか二ポンド（約四〇〇円）しか現金の使用を認められていないという。ということは、もし彼が刑務所内で全部使うとしたら、なんと九六〇〇年もかかってしまう。終身刑と宝くじ的中という組み合わせは、むしろ当人の不幸を増大させるだけのことだったのではなかろうか。

もちろん、こうした例は枚挙に遑がないほどで、本当に幸せになったといえるのはむしろほんの一握りかもしれない。それでは国内で実際に大金を得た人の証言（ブログ）を一つだけ取り上げてみよう。★07

04 ロト6で三億二〇〇〇万円ゲット

それほど前のことではないが、日本のロトで三億二〇〇〇万円当てたという人物のインタビューが週刊誌に載ったことがある。彼は38歳独身、社員8人の零細企業に勤め、年収も三二〇万円だったという。彼に幸運が舞い込んだのは二〇〇五年一月のことだった。たまたま出張先の福井のスーパーのロト売り場で買ったロト6が三億二〇〇〇万円的中してしまったのである。

当選3カ月後、銀行主催の一億円以上の「高額当選者対象相談会」の席上、カウンセラーに、「くじで大金を手にした人のなかには人間不信に陥る人が多いから、あなたも気をつけるように」とアドバイスされたのだが、まさにそのとおりの人生を歩むことになる。まず、どこで知ったのか、いろいろな人間が彼のまわりに集まってくるようになる。見知らぬ女性から「絶対に返すからおカネを貸してください」と振込口座つきのメールが届いたり、デート中に「一〇〇〇万円の借金があるので助けてほしい」と言われたり、周囲の女性がみんなおカネ目当てにしか思えなくなってくる。「それもあって、この3年間で僕は7回も引っ越しているし、いまも、素性を知られないように実際に起こった日付をずらしたり、滞在場所を変えてブログをアップするなど、常に注意は怠らないようにしています」。

その後、彼は外国人パブにはまり、タイの女の子におカネを貢ぎ、さらに、IT株ブームに乗って株に投資したのが災いして四〇〇〇万ほど失い、また、FX（外国為替証拠金取引）ブームに乗せられて、あっというまにまた四〇〇〇万損をしてしまったという。そんなこんなで、彼の貯金もたちまち九六〇〇万となってしまったそうだ。

そして、現在、もはや株やFXをやる気にはなれないので、初心に戻ってロト6をやっているとのことだが、彼にとって不幸中の幸いは会社を辞めなかったことだろう。もう一度リベンジしたいという彼にとってもっともつらかったのは、「**自分のまいた種とはいえ、おカネがどんどん目減りしていくのが大きな精神的ストレスになったこと**」だと告白している。何も悪いことをしていないのに、さまざまなトラブルにまき込まれるのも耐え難い経験だっただろう。ちなみに彼が的中させたのは二〇〇五年一月十三日（第221回）のロト6で、選んだ6数字は、8、27、30、31、38、42だったそうである。そのほとんどは自分の年齢や会社に関係のある数字で、賞金の320,380,000円という数字を見たときも、三二〇〇万円当たったと思ったらしく、三億二〇〇〇万円と知ったときには二度びっくりした、とブログで告白している。

彼も散々な目に遭ったわけだが、それでもまだ殺されたりしなかっただけよかったのである。二〇〇五年に宝くじで二億円当たった岩手県の女性の場合は、行方不明となり、その後、遺体として見つかっている。一人暮らしをしていた被害者の女性は二〇〇四年夏の宝くじで二億円に当選し、翌年二月勤務先を辞めている。そして、同年四月に行方不明となったわけだが、事件は逮捕された男性との金銭のもつれが原因だとされている。

また、これは宝くじではないが、オーストラリアのカジノでバカラをやって一八億円勝った山梨県の男性はなんと一九九二年に自宅で刺殺されている。その事件はいまだ未解決のままだという。不動産会社社長の男性は自宅1階で血だらけになって倒れて死んでいるのを外出から帰ってきた家族が発見している。

どんなに気をつけてみても、**予想外の収入というのは往々にして好ましい結果をもたらさない**ものである。だから、すぐに使いきるのが正解なのだが、なかなかそうもいかないだろう。ヤンキース（当時）の松井秀喜選手は、二〇〇四年に発生したインドネシア・スマトラ島沖地震の際に、あっさりと義援金五〇〇〇万円を寄付している。それ以外にも多くの寄付行為を行っている。それくらいの度量があってはじめて、彼をとりまく不幸から身を守ることができるのである。彼はいう、「物事には自分でコントロールできることとできないことがある。できないことにあれこれ悩んでも仕方がない。自分の努力では解決が困難なわけだから」。まさにそのとおり。イチロー選手や石川遼くんが大きな災厄に襲われないことを祈るのはぼくだけではないだろう。最近ではタイガー・ウッズもとんでもない災厄に見舞われたし、ここで「好事魔多し」という言葉をもう一度嚙みしめる必要があるのではないかと思う。

05 攻撃誘発性（ヴァルネラビリティ）

マスコミというのは、金持ちがさらに金持ちになっても、また、貧乏人がさらに貧乏になっても、そんなことにはまったく興味を示さない。**スーパースターは自分が得た栄光と同じくらい大きな代償を支払わなければならない**と思い込んでいる。彼らが飛びつくのは、とんでもなく幸せに見える人々が実はひどい不幸を背負っているとか、ひどく不幸な人物がひょんなことから大出世するとかいうことで、一般の人々はそういうギャップを楽しむものだと考えている。

まさにマイケル・ジャクソンなどはその典型であろう。多くの名声と誹謗《ひぼう》、中傷に包まれながら、二〇〇九年六月二十五日、ロンドン公演を直前にひかえて、マイケルはこの世を去ってしまったが、果たしてその人生は幸せだったのかどうか。なによりもマイケルから感じられるのは、孤独、それに、喜びの欠如。なんでも手に入れられるのに、皮肉なことに、もっとも必要なものだけが永遠に自分のものにならなかったというパラドックスだろうか。

お金というものは持ちすぎたら不幸になるのは目に見えている。堀江貴文氏（前ライブドア社長）にいわせると、もうかってうれしいのは年収二〇〇〇万円までで、そのくらいでだいたい好きなものはみんな手に入るようになるとのことである。何人かの友人からも同じ意見を聞いたことがあるけれど、彼らが口をそろえていうには、「それ以上稼ぐには、会社みたいなものを作るか（つまり、他人の手を借りるか）、ちょっと悪いことでもするか、どちらかしかない」とのこと。どちらにしてもストレスが等比級数的にぐんぐん上昇すること間違いなしだ。東京の一等地に住みたいとか、高級車を乗り回したいとか、最高級のワインが飲みたいとかいわない限り、年収なんか三〇〇万から五〇〇万もあれば十分ではないか。もちろん一〇〇〇万くらいあればいうことなしだけれど、必ずしも多ければいいというわけでもない。

ぼく自身、この20年間、大幅に収入は揺れ動いたけれど、生活の中身はほとんど変化しなかった。唯一変化したのは、収入が増えると、ランチに何を食べようかというときに、五〇〇〇円の高級すきやきでも、チェーン店の牛丼でも、どちらでも気にしないで注文できたことくらい。お金があるとつい「どちらでもいい」というセリフが口から出てしまう。一万円のTシャツでも一〇〇〇円のTシャツでも、高級ライターでも一〇〇円ライターでも、飛行機のビジネスクラスでもエコノミーでもどちらでもかまわなくなってくる。

それに対して、お金がなくなってくると、いつもお金のことばかり考えていなければならない。毎日何をするにもお金のことが第一になる。「どちらでもよくない」のだ。選択の幅はかなり狭められてしまう。やっぱり大変だ。しかし、何かの拍子にお金が入ったときに食べるごちそうは大金持ちが食べるごちそうよりもまたはるかにおいしいにちがいない。つねに世の中はそうなっているのである。

われわれの社会では、**少しでも普通の人間と違っているということで攻撃されてしまう。**とりわけ日本ではその傾向が強い。この国では特に目立ったら損だと信じられている。大きなメリットを持つことと大きなマイナスを抱えることは、その場合、同じ意味を持つことになる。どちらも世間からの攻撃を誘発してしまうのである。ＶＩＰになること、大金を得ること、だれにもできないことをやってしまうこと、そのどれ一つとってもただ賞賛されるばかりではなく、その裏側には人々の嫉妬《しっと》や悪意がぴったりと貼《は》りついてくるのである。

いまの日本は「すでに勝っている者がさらに勝ちつづけることを正当化するシステム」だというが、そんなことは１００年も前からわかりきっていたことではないか。他人の幸せを羨むべからず、とここで改めて強調しておくことにしたい。

06 本当の「幸せ」とは何か

人生は成功と失敗のくりかえしとはよくいわれることだが、いったい何が成功で何が失敗かはすぐに判別がつかないことが多い。その点、多くの人々(特に男性)がスポーツを愛するのは、結果がすぐ目の前にはっきり表れるからであろう。テニスではサーブが決まったら成功、外れたら失敗、サッカーならシュートが入れば成功、外れたら失敗、野球ならヒットを打てば成功、三振したら失敗だ。きわめてわかりやすい。

しかし、そのスポーツにしても、そう簡単にはいかないケースだってたくさんある。その点について、以前、カズことサッカーの三浦知良《かずよし》選手がインタビューに答えた次の言葉がとりわけ印象深い。「現在のカズさんの正直な気持ちとして、不安はないですか？　シーズン終了後、成功していればいいけど、もし結果を残せなかったらどうしよう、というような……」と聞かれて、彼は次のように答えている。

「それは凄く重要なことだと思う。最近、何が成功で、何が失敗なのか、と考えることがあるんだ。試合に出てゴールを決められれば成功で、試合に出られなければ失敗なのか、と……。周囲の判断基準は確かにそういう所にあるかもしれないけど、僕の中での〝成功〟の価値観は少し違っているような気がする。例えば、イタリアリーグで二十点入れればそれが一番の成功かもしれない。しかし、苦しんで三、四点ゴールを決められれば、それも成功に値するものではないのか、と。失敗して、叩かれて、それで人間大きくなれることだってあるでしょう？　なおかつ、そこから頑張っていいプレーすることが自分を成長させることになるんじゃない？　僕は今、見当も付かない先のことで『成功』と『失敗』を思い悩んだりしてはいない。**自分がポジティブになって全てを受け入れられれば、成功じゃないか**と自分では思ってる。で、僕は必ずそうできる。だから、失敗はないっていうこと[★08]」

このカズの言葉にはどこか哲学的な響きがある。一人の人間にとっての成功が世間的な評価とそのまま直接的に結びつくわけではない。それより、自分に起こることをすべてポジティブに受け入れられたら、それは自分にとって「成功」なのではないか、とカズは言う。まさにそのとおり。**成功とはある経験が自分を強くするということだ。**何事にも怯《おび》えることなく過ごすことである。一般にスポーツにたずさわっていると、つねに瞬間的な判断を迫られることになる。いつも特殊な緊張状態に置かれることになる。しかも、たとえいまは好調でも、明日になったらどうなるかわからない。ちょっとしたケガが命とりになることだってある。

ここで大事なことは、**何かに対して怯えがあるうちは、人はけっして幸せになれない**ということだ。いわゆる仏教でいう悟りというのは「いかにうまく死ねるか」ということではなく、「いかにうまく生きられるか」ということではないかと思う。だいたい大きな困難にぶちあたっている人に「前向きに」「ポジティブに」といっても、すぐに納得させることはできないだろう。気持ちの切り替えだけで物事がうまくいけば世話はない。そこにはもっと根本的な問題がひそんでいる。ここで強調したいのは、カズのように、**自分に不運が回**

ってきたときに、初めて世の中の仕組みが見えてくるということである。普段見えないものが見えてくる。人の苦しみや悲しみが理解できるようになる。そこからが人生なのだ。生まれたときから人生が始まっているわけではない。

お金がなければ、お金さえあれば幸せになれると思うし、病気だったら病気さえ治れば（健康ならば）幸せになれると思う。同じく、監獄に入れられたらここさえ出られれば幸せになれると思うし、戦禍に見舞われたら平和にさえなれば幸せになれると思う。だが、それは果たして本当に自分が目指す幸せなのだろうか。少なくともそれは本来の〝生きる目的〟ではないはず。たまたま自分の置かれた不本意な立場をなんとか克服したいと思うのは当然のことで、問題はお金が手に入った後、病気が治った後、監獄から出られた後、戦争が終わった後のことである。もしそうなったらなったで、また次々と別の克服すべき対象が生まれてくることだろう。

それではいつまで経っても終わることのないくりかえしだ。本当のやすらぎはいつもたらされるのか。いつ「ハッピー」とか「気持ちがいい」とかいう心境にたどり着くことができるのか。ただぼうっとしているだけで幸せだなんて、本当にそんなことがあるのだろうか。

Lesson 4

ふりかかった災難こそ人生のきっかけ

01 もう一度人生をくりかえしてみる

本書の初めのほうで、われわれの不幸は人生がたった一度限りだからこそ起こるのだろうかと問題提起した。しかし、果たしてわれわれの人生はたった一度限りなのだろうか。考え方によってはまんざらそうとも限らない。たとえば、ぼくの高校時代の漢文の教師は、**長生きの秘訣とは「眠らなければいいだけのことだ」**と喝破したことがある。たしかに睡眠時間を4時間にできれば、平均的な人たちの約1・2倍の人生を送ることができる。もちろん、起きている時間だけが人生だとすればの話だが、その4時間が積み重なると、1カ月で120時間だから、1年で約60日となる。そうなると見過ごすことのできない差が生まれることになる。

同じように考えれば、たとえば、Aという人格を生きるのとBという人格を生きるのとをうまく操作できさえすれば、一つの人生を同時に過ごすことができるようになるかもしれない。もっと増やせば、さらに複数の人生をうまくやり遂げることができるかもしれない。もちろん多重人格の話ではない。男として生き、同時に、女として生きる。忙しいビジネスマンとして生き、同時に、のんびりと田畑を耕す農民として生きる。自分のさまざまな性格面を反映させながら、もっと多くの人生を楽しむことだって論理的には可能となる。

しかし、そもそも人生を何度もやり直せるようになったとしたら、果たしてこの世から不幸はなくなるのだろうか。選択を間違えさえしなければすべてはうまくいくのか。もう一度生まれ変わって、やってしまった過ちをうまく回避できれば、前よりずっと幸せな人生を送ることができるのだろうか。

その問題を正面から取り上げたのがケン・グリムウッドが書いたベストセラー小説『リプレイ』である。[★01]ニューヨークのラジオ局に勤めるジェフ・ウィンストンは43歳の秋に心臓発作で死亡する。ところが、気がつくと18歳に逆戻りして、大学の学生寮にいる。一九八八年に死亡し、一九六三年に生まれ変わる。記憶も知識もすべてもとのままで、彼はもう一度人生を生き直すことになる。さて、そうなったとして、もしあなただったらまず何をするだろうか。

一九六三年春。選ぶべき道はあまりにも多い。

ジェフが最初にしたことは恋人ジュディとのデートの約束をすっぽかしたことだった。どうせ彼女はあと半年くらい自分とデートを重ねたあげく「〝年上の男性〟を求めて去っていくことになる」「結婚することになる女性のリンダとは、彼が大学を出て、ウェスト・パーム・ビーチの放送局で働くようになるまで出会わない」ことになっている。うむ、待てよ、彼は、まだ高校生で両親のところで暮らしているはずのリンダと猛烈に会いたくなってくる。しかし、彼はそこで思いとどまった。そんなことをしたら未来は変わってしまうかもしれないからだ。

そんなある日、ぼんやりとテレビを見ていてケンタッキー・ダービーのニュースがかかっているのに気がつく。この年にダービーを勝った馬はいったいなんだったっけ？　ノーザンダンサー？　それとも、ひょっとしてカウアイキング？　どちらもダービーを勝っているのは憶えているが、それがこの年かどうか確信が持てなかった。彼は新聞をとりよせてもらって、出走馬の名前をずっと追っていった。そして、ついにシャトーゲイの名前を見つけるのである。シャトーゲイ、単勝10倍。競馬ファンにはたまらない展開だ。

彼はありとあらゆる手段でお金をかき集めて、それをシャトーゲイの単勝にぶち込み、そしてその結果、みごとにシャトーゲイが本命のネバーベンドを差して1着入線を果たしたのだった。彼はすでにその結果を知っていたわけだから、当然といえば当然のことである。配当は20倍近くに跳ね上がっていた。その後、ブラックジャック必勝法を知ってカジノに出かけ、ドジャースとヤンキースの大番狂わせのワールド・シリーズに賭け、そして、いよいよ株取引の世界へと進んでいくのだった。

そうやってジェフは莫大な富を得ることにはなるのだが、肝心のリンダとの出会いだけは失敗に終わってしまう。なんと彼女にだけは嫌われてしまうのである。「彼は人生の大部分をやりなおす機会を与えられた。しかし、この一日をもう一度やりなおすことができたら、そのすべてを犠牲にしてもいいと思った[★02]」。失望したあげく、ジェフは「適当な基準に合っていた」ダイアンと結婚し、リンダとのあいだでは得られなかった子ども（グレッチェン）を授かるのだった。最愛のグレッチェン。しかし、幸せは長く続かない。そんな彼に突然激痛が襲いかかる。ジェフはまたもや43歳の秋に心臓発作で死んでしまうのである。

02 運がよかったり悪かったり

そして、一九六三年。ふと気がつくと、彼は映画館のなかでジュディとデートしているところだった。また全部やり直し！　「彼が成就したすべてが掻《か》き消されてしまった。経済的な帝国も、ダッチェス郡の邸宅も……しかし、特にショックだったのは、子供を失ったことだった。グレッチェンは、その細っそりしたほとんど大人の女性のような態度や、知性や愛情のこもった目とともに、存在しなくなった。死んだ、いや、それよりももっと悪い。この現実では、彼女は絶対に存在しないのだ[★03]」。自分が人生で得たものをすべて失うという経験は、それがどんなものであっても、耐えがたいことである。まして、やっと授かった最愛の子どもを失ったことはすべての財産を犠牲にしても癒されないほどの心の傷となった。そんな状態で、ジェフはもう一度人生を生き直すことになる。

二度目は、初恋の女性ジュディと一九六八年六月にテネシー州ロックウッドでとどこおりなく結婚することになる。「生活は平穏で秩序正しく、この上なく正常だった。ジェフは完全に満足していた。恍惚境《こうこつきょう》というわけではないが――ダッチェス郡の屋敷で育つ娘のグレッチェンを眺める時に感じたような、絶対的な喜びの感情はなかったけれども――幸福であり、平和だった」[★04]。そういう選択もまた悪くないだろう。こうして過ごす人生こそむしろ平穏なもので、大きな痛みを感じることもなく過ごすことができるかもしれない。すでに多くの財産を得ることがいかに無意味かは身にしみてわかっている。必要以上に大きな愛情もここでは不要だし、ましてや子どもなどいないほうがましだ。

こうしてジェフは一人の男が成し遂げるあらゆることをやり遂げた。経済的にも大きな財産を得たし、父親としても深い愛情の面で恵まれることになった。しかし、いまやすべてが無に帰してしまっている。なんという孤独。**「最善の努力が不毛になるのが避けられないとしたら」、またもや人生を始める意味がどこにあるというのだろうか。**

幸せな結婚。しかし、またも訪れる死。

彼は、三度目にはやけになって、女たちとドラッグとセックスに溺《おぼ》れる退廃的な日々を過ごすことになる。彼はセックスのためのセックスをくりかえし、偶然、自分と同じ「リピーター」（人生をくりかえし生きる人）であるパメラと出会う。彼女の存在だけが彼にとって唯一の慰めだった。この「輪廻《りんね》」のような忌まわしいくりかえしはいったいいつまで続くのか、どれだけの人がそうした運命をたどっているのか、そして、どのようにしたらここから逃げ出すことができるのか。これは果たしてハッピーエンドに終わるのか。

いつしか退廃と覚醒《かくせい》の果てに三度目の生まれ変わりも幕を閉じることになる。しかし、彼はその後も四度目、五度目と生まれ変わっていく。

一度目は莫大な富と最愛の子ども

二度目は初恋の女性との充実した家庭生活

三度目は退廃と覚醒

そして、四度目は……

こうして見てくると、生まれ変わっていいことなどほとんど何もないことがわかってくる。いい記憶もあるけれど、悪いこと、切ない思い、別れの悲しみの記憶ばかりがどんどん積み重なっていく。どんなに莫大な富を築き上げても無意味だし、最愛の娘は二度と戻ってこない。ここに至って、**人間にとっては「わからない」ということがいかに大事かということにジェフは気づく。**たった一度の人生だからこそ意味があるのだし、何が起こるかわからないからこそ胸がときめくような日々を送ることができるのだ。自分が得たものがどうせ水の泡と化すことがわかっていたら、どんな人生だって生きるに値しないことだろう。

ケン・グリムウッド『リプレイ』が語るところは、**たとえ人生をもう一度くりかえすことができたとしても、それはひたすら空しいものでしかない**ということである。以前に、「人生がもしたった一度限りではないとすると、われわれの選択はかなり軽いものになるかもしれない。やり直せばいいからだ」と書いた。しかし、たった一度の人生だからこそ意味があるとなれば、そんなこともすべてご破算になってしまうだろう。

とにかく、そうなると、もはや選択の問題ではない。いかなることが起ころうと、すべて自分で引き受けなければならないということである。どんな結婚相手を選ぼうとそれはそれで一つの人生なのだ。**別れることはできても、引き返すことはできない。**どんなしょぼい会社に入ったとしても、文句を言うべきではない。もし別の女性だったらとか、もっといい会社に入れたらとか、つい考えてしまうのは仕方がないけれど、そう決断したからにはそれが当人の人生であって、それを生きていくしかないのである。

ジェフは金持ちになれたが、もっとも大事なパートナー（リンダ）を失ったと後悔している。子どもを得ることもできたが、子どもを失う悲しみをも同時に味わうことになる。快楽をむさぼる生き方をしてみたところで空しかった。どんなふうに生きてもこれで満足というわけにはいかなかったのである。先ほども述べたように、貧しければお金さえあればすべてがうまくいくと思うだろうし、子どもがいなければ子どもさえ授かったら幸せになれると思うことだろう。最初の結婚に不満足な点があったら別の女性を選びたくなるし、ひたすらまじめに働いてばかりだと遊びにうつつをぬかしたいと思うだろう。しかし、どれも彼に満足を与えることはできなかったのである。つまり、どういう生き方をしたところで、これで十分満足ということはないし、また逆に、どんなにひどい境遇であってもすべてがまったく不満足ということでもないと思い知らされるのだった。

03

一つのマイナスで人をキライになる

われわれはよく人を好きになったりキライになったりする。どちらかというと、キライになるのは簡単で、好きになるほうがむずかしい。そもそも人を好きになるというのも才能の一つで、たいていは「なかなかいい人が現れない」と周囲に嘆くことになる。人間の好みというのはむずかしいもので、ちょっとしたことで好きになったりキライになったりして、ぴったり当てはまるような相手はそう簡単には出てこない。やっと会う約束にまでこぎつけたとしても、うれしさと同時にちょっとめんどうくさいと思ったりもする。それくらい人間の感情というものは一筋縄ではいかないようにできている。

先日、数人の女性たちと飲んでいたときの話だが、ある女性が、会話の途中で（他のみんなが結婚しているのを知って）、「私も、どうしても結婚したい」と言い出した。

「だれか、いい人紹介して」

「いいわよ、うちの会社の技術系には独身の人がけっこういっぱいいるから」と別の女性。

「いますぐ、紹介してっ！」と身を乗り出す彼女。

「うん、そうね、けっこう40代でも結婚してない男性いるのよね」

「えっ、40代？　あっ、私40代ダメなの」

「えっ、あなたいくつよ？」

「35」

「それじゃ、もう40代だっていいじゃない」

「いやなの。同い年とかちょっと上がいいの」


まあ、それほど美人ともいえない普通の35歳の女性が、そんなに狭い範囲で独身の男性を探すとなると、ほとんど不可能に近いことになるのではないか。おまけに「他に条件は？」と聞かれて、彼女いわく、「私、たばこを吸う人ぜったいダメ」。しかし、どうしてそんなにいろいろと条件ばかりつけたがるのだろう。普通だったら「だれでもいいからお願いします」ではないかと心のなかで思いつつ、逆に彼女のことを気の毒にも思ったのだった。

たしかに好きな人が年をとってお腹が出てきてもそう問題はないけれど、それと最初からお腹の出ている人を好きになれるかどうかということでは、だいぶ事情が違ってくるだろう。同じく、一般に「40代」といっても、人によって歩んできた道筋はさまざまで、そう簡単にダメと言い切れるものでもないのだが、やはり「40代」という響きがイヤな人にはどうしようもない。

以前、よく大学入試や定期試験の監督をやらされたのだが、最初に気がついたことが「本人を見てから受験証の写真を見て照合しないとダメ」ということだった。実際、写真を見てから本人を見ても、それが本当にその人かどうかさっぱりわからない。特に女の子はプリクラの登場以来撮られ慣れしていて、どの子の写真もかわいく撮れているので要注意。本人とは似ても似つかないアイドルのような写真を貼ってくる子も少なくないのである。

そういうわけだから、その人についての情報と本人とのあいだにはつねに大きな隔たりがあるもので、「40代」とか「喫煙家」とか「役所勤め」とかいうだけでパスしていたらきりがないように思うのである。それはやっぱり「30代」で「嫌煙家」で「デザイナー」のほうがいいように聞こえるかもしれないが、実際に会ったらそちらのほうが最悪の人物だったりするかもしれないではないか。あまりマイナスばかり数え上げないで、すっきりその人自身と交際を始めたらどうかと思うのはぼくだけではあるまい。

しかし、ある程度計算できる結婚にしてそうなのだから、彼女にとってはピュアな恋愛などもはや不可能かもしれない。何も知らないまま人を好きになるというのは本当にむずかしいことである。自分で状況をむずかしくしないで、のびのびと生きてもらいたいものだが、彼女は果たしてこちらのアドバイスに耳を傾けてくれるだろうか。

04

一つのプラスで人を好きになる

たしかに何も知らないまま人を好きになるというのは本当にむずかしいことである。そう書くと、年をとるにしたがって恋をするのもむずかしくなるように思われがちだが、実は逆の場合も多々あって、かえって恋愛がこれほど容易なものだったのかと思い知らされることもある。若い頃は、自分でも自分のことがよくわからないので、「全人格的に一致する相手と運命的な出会いをしたい」と思いがちで、それゆえ、むしろ慎重になってしまって、「なぜあんなに用心深かったのか」「いったい何をおそれていたんだろう」と後になって反省することばかり。どうしてだれでもいいからさっさと好きにならなかったのだろうか。

だいたい**「一つのプラスでその人を好きになる」**というのが人生をうまく生きるコツではないかと思う。そんなのムリと言わずに試みてほしいものである。若い頃は誤解などあってうまくいかないケースも多いのだが、「一つのマイナスでその人をキライになる」より、はるかに人生を楽しめるのは当然のことであろう。さらに、年をとるにしたがって、なにも恋愛にすべてを賭けなくてもいいのではないかと思うようになると、ますます人を好きになるのが容易になってくる。どこまでが恋愛かわからないまま一緒にいるというのも、それはそれでなかなか好ましいものである。相手に対する好意だけをふんだんに示しながら、さりげなくお酒を飲んだり、音楽を聴いたり、一緒にゲームを楽しんだりする。そうしていると、人を好きになるというのも千差万別で、いろいろな関係性が可能なように思えてくる。他の人から見たら単なる友だちであってもかまわない。もちろん、そうした相手のすべてを恋愛対象に見られたってかまわない。そう考えると、なかなか贅沢な気分にもなれるだろう。なにもキスしたからって恋人になれるとは限らないではないか。

そういえば、かつてある雑誌から「あなたにとってのファム・ファタル（運命の女）について語ってください」という依頼を受けたことがある。しかし、ファム・ファタルとはいったい何だろうか。
むしろ、ふと出会って何もなく終わった相手にそれを感じる、というと皮肉に聞こえるだろうか。同じコラムで町田康さんが「往来を通る婦人の7割に恋愛感情に近いものを感じる」と書いていたが、まさにそのとおり、ぼくも30代の半ばころまでは、出会うほとんどすべての女性にほのかな恋愛感情を抱いていた。そして、いまでも、そんなに違ってしまったわけではない。★05

出会って、デートを重ね、お互いの素性を知りすぎてしまうと、最初に感じたときめきはいつのまにかどこかに消え失せてしまうこともある。もちろん、恋をすると、どうしても相手のことが知りたくなるというのはわかる。相手の好きな食べ物は何？　どんな仕事をしているの？　お金持ち、それとも、貧乏？　どういう暮らし方をしているんだろう？

しかし、そんなことによって本当に相手のことがわかるというのだろうか。むしろ、最初に出会ったときになんの先入観もなく「知った」（と思った）ことのほうが、話を通じて知識として「知った」ことより、本当に相手を知ったことになるのではないか。最初に相手から伝わってきた魅力、オーラみたいなもの、そう、それこそ信じなければいけないものなのではなかろうか。パッと感じるものがあったらみんな好きになってしまえばいいのである。

しかし、最初に出会ってパッとひらめいたり、魅力に思ったりしたことがもっとも大事だといっても、時間が経つにつれて色あせていくのは仕方がないかもしれない。どんなに好きだったとしても、愛情をそのままずっと維持するのはむずかしい。もっと別のもので愛情を補完していかなければならないわけだが、そのための秘訣のようなものもないことはない。だいたい長く一緒にいると悪いところばかりに目がいきがちだが、改めて相手のいいところを数え上げてみることだ。「他の女性に比べて彼女はかなり寛容だ」「自分のようにいいかげんではなくキチンと物事を考えてくれる」「自分の才能をそれなりに正当に認めてくれている」「どんなに忙しくても家事など手を抜かない」「みんなに対して平等に愛情を示すし、なにより世話好きだ」「けっして他人と比較しない」「自分にはない特別な才能を感じる」「明確な生きる目的を持っている」等々。たまにはそういうリストアップも必要となってくる。

われわれは、最初の出会いでは、まずその人のいいところばかりに目を向けるのだが、長く一緒にいるうちに、悪いところばかり目につくようになる。これは宿命的なものだから仕方がない。しかし、よく考えてみよう。もしあなたが彼女と別れた後に一緒になった女性が、いつも流し台に食べ終わった食器を山積みにして平気だったり、食べ方が下品だったり、お金にルーズで月々の生活に支障をきたしたり、異常に嫉妬深かったりしたらどうだろう。一人の人間のなかに欠点を20くらい見つけるのは簡単だ。しかし、だれでもそうなのだ。この人なら完璧《かんぺき》で何も欠点が見つからないということは絶対にありえないのである。

とにかく、人を好きになる訓練ほど大切なものはない。それはだれも教えてくれないが、あなたの人生をもっと実り多いものにしてくれるはずである。

05
みんな問題を抱えている

他人を羨ましがっても、結局のところ、だれもが同じような悩みを抱いているのであって、その例外はありえない。**みんな問題を抱えているのである。**どんな生活を送っている人でもなんの問題も抱えていないという人はこの世には存在しない。逆にいうと、どんな生活を送っている人でも楽しみや喜びを抱いてない人はいないということでもある。喜びと悲しみはコインの両面で、生きるというのはそれに賭けることであり、そんな賭けには参加したくないというわけにはいかないのである。

生きるというのは、それゆえに、カジノよりも過酷なところがあり、カジノならば見るだけで賭けなかったり、ちょっと負けたら休んだりもできるけれど、**生きるということには喜びや悲しみを長引かせたり、やり過ごしたりすることは含まれても、賭けに参加しないというわけにはいかない**のである。どんなに負けが続いたとしても、ずっと賭け金は張りつづけなければならない。

たとえば、トラン・アン・ユン監督のベトナムを舞台にした映画「夏至」を見てみよう。[★06] この「夏至」はすばらしい映画で、まず何がいいかというと、熱帯アジア特有のゆったりと流れる時間と家々を通りすぎる風や人々を走らせるスコール（驟雨《しゅうう》）が全編に描き出されている点である。ぼくもベトナムには幾度か出かけたことがあるのだけれど、かつてフランスの植民地であっただけあって、欧米的でもアジア的でもない、どこかエキゾチックな雰囲気がただよっている。帝国主義や植民地主義がけっして好ましいことではないのはもちろんだが、この映画のように、二つの異なる文化が出会って生まれるハイブリッドな空気感だけはどこまでも魅力的だ。何も飾りがないように見えて、実際はよく計算されたアジア特有のインテリアや調度品なども好ましい。それだけでも見る価値があって、ストーリーそのものは他愛ないよくある話ということもできるだろう。

映画は、三姉妹の一番下の妹（リエン）が兄のベッドと薄いカーテン一つで仕切られたベッドで眠っているシーンから始まる。彼はまだ駆け出しの俳優で、彼女は兄を愛している。そうはいっても、まだ幼い彼女は恋愛について夢見る年頃で、実際には別にボーイフレンドがいるわけだが、その関係もスムースとはいえない。一番上の姉（スオン）の夫は写真家で、まるで山水画のような田舎での仕事に没頭しており、家族が暮らすハノイと田舎とを往復する日々。二番目の姉（カイン）の夫は作家のたまごで、どうやら才能はありそうだが、処女作がまだうまく書けていない状態だ。

このように紹介しながらも、いったい彼らがどうやって食べているのか心配になる。しかし、ご存じの方も多いことだろう。これはアジアではよくあるパターンで、女系家族ですべてが切り盛りされており、どこでも男は居候みたいな生活をしているのである。もっときちんとしたところで働けないものか、もっと家にお金を入れられないかと周囲は思っているが、それはそれでなんとかなるのがアジア流なのである。

実際のところ、一家は一番上の姉を中心にカフェ・レストランを営んでおり、すべてが順調に進んでいるように見える。ところが母の命日にみんなが集まって宴会をやる席で、母にもひそかに愛した男がいたということがわかる。三姉妹にとってそれは初耳だったらしく、それをきっかけにストーリーが動き出す。

実は、長女の写真家の夫は、田舎に愛人を持ち、彼女に子どもまで産ませていることがわかる。彼は都会との偽善的な往復生活に疲れて、妻に離婚を切り出す決心をする。一方、妻であるスオンも、夫の心が自分から離れているのに気づいており、偶然知り合った男と逢引《あいび》きをくりかえしている。その男とはプライベートなことは一切話さない約束で、セックス以外のすべてを許しているのだが、それはそれでかえって官能的な雰囲気をかもし出す。

次女の小説家の夫は、偶然機内で知り合った女に誘われるようにして彼女の部屋を訪ねるが、結局何もせずに部屋を立ち去る。小説家を目指しているのに、それくらいの決断もできないようでは所詮《しょせん》先が知れていると思ったが、もっともうまくいっているように見えたカップルだったので、そうした展開はちょっと意外だった。妊娠したばかりの次女は彼のポケットから浮気の証拠（未遂だが）を見つけて泣き出してしまう。

つまり、ここには三つの類型が示されている。一番下のリエンの場合は、まだ何も起こっていないのだが、すでに起こるべきことが起こっていないという問題を抱えている。二番目のカインの場合は、もっとも幸せな状態であるにもかかわらず、ちょっとしたことでそれが壊れてしまうかもしれないという不安を抱えている。一番上のスオンの場合は、その不安が実現してしまってどうにも身動きがとれない状態にある。普通に考えると、このスオンのケースがもっとも深刻に見えるだろうが、この映画を見る限りそうとも限らない。どの場合も、過去・現在・未来にそれぞれやっかいな問題を抱えていることに変わりはないのである。

そんなふうにして、映画が進むにつれて三姉妹の生活ぶりが（内面的な不安も含めて）浮かび上がってくるのだが、あくまでも、そこを流れる時間はゆったりしていて心地よい。そこには歴史の始まり以来何万回もくりかえされてきた人間の営みがあるだけ。しかしながら、何も起こらない平穏な日々というのはどこにも存在していないのだということをしみじみと感じさせてくれるのである。

06
ふりかかった災難こそ人生のきっかけ

たとえば、夫または妻が浮気をして他の男または女に夢中になっているとする。そんな場合、さまざまな対応が考えられる。怒って相手を追い出す、自分も浮気をする、ひたすら我慢する、社会的に制裁を加える、等々。自分が好きになった相手が他の男または女を好きになったり、逆に、自分が他にもっと好きな相手を見つけたりすることは、そんなに珍しいことではない。**もちろん人生では先に出会ったほうが必ずしも好ましい相手とは限らないからだ。**だれを好きになってもそれはそれで仕方がない。頭ではわかっている。しかし、心が許さない。

そんな場合、いかなる決断も正解にはならない。だれにでもスキャンダルの可能性はある。国会議員が行きずりの女性との一夜のために脅迫されたり、有名女優がかつて恋人だった男に裸の写真をばらまくぞと脅かされたりするのもよくあることで、ごく普通の人にも同じような出来事は十分起こりうるだろう。そんなとき、自分自身の過ちを悔いても仕方がない。すでに「あらゆる選択は誤りを含んでいる」と述べたとおり。正しい選択と間違った選択があるのではない。どの選択にも一定程度の正しさと誤りとがともに含み込まれているのである。

ちなみに、近年、離婚の数が増加の一途をたどっているが、それも必ずしも悪いことではないと思う。これまで経済的な事情とかで別れようにも別れられなかったカップルが関係を解消できるようになったわけで、だれもが**愛情以外のものでつながっている必要がなくなった**とも考えられよう。一方の浮気に一方が泣くというような古典的な関係性が崩れようとしている。間違いを受け入れて、自分を変えるきっかけにするという前向きな考え方が主流になりつつあるのではないか。そうだとしたら、それはそれで好ましいことのように思われる。

男女の別ればかりではなく、いかなる場合でも、**たしかに谷底から見ないと人生が**

どのようなものかはわからない。自分が社会的に高い地位に就いており、大きな失敗もなく、十分ではなくてもそこそこ満足できているというのが、むしろ始末に悪いかもしれない。自分が「幸せ」であるという側から世界を見ると、大切なものは何も見えないからである。人を理解するとは、自分が抱えているコンプレックスやマイナス部分を基準にして、相手の弱い部分を理解して（癒して）あげることである。それなくして人を理解するなどできるはずがない。

どちらにせよ、あなたは自分の「失敗」をどう理解すべきかよく考えなければならない。たとえ一時的には失敗に思えても、長い人生においては悪いことではなかったと思えてくることもある。いや、そうとらえてこそ初めてあなたの行った選択の意味がわかってくるのである。あなたはそれについてくよくよしたり反省したりする必要はない。**ふりかかった災難こそ人生のきっかけ**なのだ。自分が下した決断は正しいと思うべきだし、それを支持する自分もけっして間違ってはいない。何かこれまでにない悪いことが起こったとしたら、それはあなたにとって好ましい変化の前触れであるということを深く認識する必要があるだろう。

山本周五郎の言葉をもう一度思い起こしてほしい。彼自身、「貧乏と、屈辱と、嘲笑《ちようしよう》と、そして明日の望みのなくなったときこそ、初めて我々は人生に触れる」と述べていたではないか。また、人間というものは、自分に不運が回ってきて、ようやく他人のこともわかるようになるとも論じていたはず。大きな挫折を味わってこそ、世の中のさまざまな仕組みが見えてくるのであって、そうなって初めて人生は彩りを獲得し、生きるに値するものとなるのである。

Lesson 5

人間は支離滅裂でかまわない

01 自分には正反対の「自分」が隠されている

人生とは矛盾を抱えて生きることだ。だれもが似たような、しかし普遍的な問題を抱えながら生きている。映画「夏至」に出てくる三姉妹はとても幸せそうに見えるが、それぞれが秘密を持っている。それが当たり前なのだ。秘密のない人生はない。

大学で一緒だった宮下志朗（東大教授）がモンテーニュ『エセー』の新訳を出したというのを知って、すぐ手に入れて読んでみた。もともとモンテーニュ（一五三三―九二年）は好きな作家の一人で、これまでもずっと愛読してきたのだが、そのなかでもっとも興味深いのが「そもそも人間は支離滅裂なのが当たり前」という指摘である。「まったくもって、人間とは、おどろくほど空しく、変わりやすく、うつろいやすい存在なのであり、人間に対して、確固とした、一律の判断を立てるのはむずかしい[★01]」（宮下志朗訳）。

そのとおり、本来、**人間を人間たらしめているのは「行動に一貫性がないこと」によるのである。**いつも気が散ったり、思っていることと逆のことをやったり、好きなのにキライと言ったり、まじめな仕事の後でめちゃくちゃになるほど酔いつぶれたりする。それこそ人間のもっとも人間らしい姿といってもいいだろう。むしろ、つねに一貫していなければならないという強迫観念ほどやっかいなものはない。**他の動物はみんな行動に一貫性がある。**

だいたいちょっと母親の姿が見えなくなっただけで〝この世の終わり〟とばかりに泣き叫び、戻ってくると満面の笑顔になるような赤ん坊の行動は、人間以外の動物にはまったく見られないことで、冷静になってみると、やっぱり常軌を逸しているとしか思えない。哲学の本を読むと、いかにも人間は首尾一貫して物事を考えているかのように書かれているが、実際のところ、わずか1分も同じことを考えていられないのが本当の人間の姿ではないかと思う。本性からして支離滅裂なのだ。

さらにモンテーニュは、キケロにならって、哲学することはどのように死ぬかを学ぶことだとも述べており、同時に、「哲学する連中がどういおうと、それが徳をめぐる場合であっても、われわれの究極目標は、快楽《ヴオリユプテ》なのだ」と続け、「彼らにとっては胸がむかつくような、この快楽ということばを、耳ががんがんするほど聞かせてやりたいと思う」★02とも書いている。**徳は快楽に従う**というのである。このあたりまったく同感である。

モンテーニュは、ちょうどルネサンスから宗教改革の時代を生きたフランスの思想家で、一五七〇年に高等法院を辞めて以来、ほとんど自宅に閉じこもって本の執筆に生きたのだとばかり思っていたら、ヨーロッパ中の温泉をめぐって旅をしていたのを知って、びっくりさせられたことがある。当時の食生活が肉食偏重だったせいか、貴族を中心に腎臓結石や痛風にかかる人々がかなり多かったようで、彼の温泉めぐりもその治療を求めてのものだった。それにしても、彼が膨大な旅行記を遺していたことが知られるようになったのはかなり後世のことで、そのあたりからして、旅する人モンテーニュというイメージが改めて浮かび上がってきてもいる。

そのモンテーニュを読むなかで、もっとも興味深いのが先に挙げた「そもそも人間は支離滅裂である」という視点ではないかと思う。彼は古代ギリシアのアルキビアデスを例に挙げて、次のように書いている。

> わたしはアルキビアデスの驚くべき天性を実にすばらしいものと思ってみることがよくありますが、彼は健康を考慮することなしに、あれほどさまざまな仕方にたいして、あれほどたやすく即応できたのです。あるときはペルシアの豪壮と華美にまさり、あるときはラケダイモンの自粛と質素をしのぎ、イオニアで快楽を求めたのと同じほどスパルタでは厳格な生活を送りました[★03]（こちらは荒木昭太郎訳で）。

もちろんモンテーニュは彼の首尾一貫性のなさを礼賛しているのである。一人の人間を、その生活のなかに見られるいくつかのもっとも普通の特徴によって判断することは、一応は理にかなっているように見える。しかし、われわれの生き方、考え方は、そんなに合理的なものではないし、そもそも人生とは矛盾を抱えて生きることではないだろうか。

あるときはいい人であったり、あるときには悪い人であったりするのが、われわれの本性なのである。よく人は自分がだれかに誤解されていると感じることがある。本当の自分はそんな人間ではないと言い訳したり、相手の無理解を呪ったりする。しかし、よく考えてみよう。自分でさえ自分のことがしばしばわからなくなるのだから、他人が自分のことをわかるはずがないではないか。それなら、むしろ当意即妙に、その場にふさわしい自分をパッと表現できさえすればいいということになる。

つねに自分のほうを状況にあわせていることが必要なのだ。アルキビアデスの偉大さはそれぞれの国でまったく違う自分を表現している点にある。これは人がいうほど簡単なことではない。よく「郷に入れば郷に従え」というが、自分を変えるのがもっともむずかしいことだからだ。たいていの人間は支離滅裂になるのを異常におそれているが、むしろ、そういう自分を受け入れることがまず大事なことのように思われる。そこにこそ人間を人間たらしめている根拠が隠されているからである。

02 運をぐるぐる回す

それは一九九〇年のことだった。ちょうどニューヨークに客員教授として赴任しているときのことである。ニューヨークから成田経由でカトマンズに1カ月ばかり調査に入ったことがあった。そのときにジュディという40代のオーストラリア人の女性と親しくなった。

それまでネパールには一九八〇年以来ほぼ10年にわたって調査に入っていたので、だいたいのことはわかっているつもりだった。カトマンズには三大聖地として知られる場所がある。それは、パシュパティナート（ヒンドゥー教）、ボーダナート（チベット仏教）、スワヤンブナート（大乗仏教）で、それぞれの宗教の聖地としてネパールのみならず世界的にもよく知られているのだった。そのスワヤンブナートでジュディと出会ったのである。

ぼくはカトマンズではだいたいタメルという地区に滞在しているのだが、ある日そこから自転車でスワヤンブナートまで走ってみようという気になった。だいたい30分くらいで着く距離なのだが、道路事情も悪く大変でもあるし、到着してからも長い階段を上るのが一苦労、さらに、物乞いや病気の人々が集まってくるので、彼らを振り切りながら進んでいくのもなかなか煩《わずら》わしいものである。

いまから30年前、最初にネパール入りしたときにちょっとしたはずみで物乞いの一人にタバコをあげたところ、他の連中に囲まれて閉口した苦い経験もある。一人にあげるならば全員にあげなければトラブルのもとになる。全員にあげられないならば、だれにもあげるべきではないとそのときしみじみ悟ったのだった。人に好意を示すことは簡単だけれど、それが裏目に出ることもある。そういう意味では、好意を示すというのも実はそう簡単なことではない。ぼくはそうした経験を踏まえて、物乞いの人々にお金をあげたりするのは控えるようになっていた。

ところが、ジュディの場合は違っていた。スワヤンブナートで出会った彼女は片手に持ちきれないほどの一ルピー、二ルピーといった少額のお札をにぎりしめていて、**寄ってくる連中すべてにそれを与える**のである。そうしたお札の多くはものすごく汚くなっていて、ほとんどぼろぼろになっているのもあるけれど、彼女はひるむことなくすべての物乞いにそれを与えていくのだった。われわれの貨幣価値におきかえると五円とか一〇円に当たる金額で、それだと全員に分け与えても一〇〇〇円にもならないのだった。どうしてこんな簡単なことを思いつかなかったのだろう。すべての人に与えられないとしたら与えないほうがましと考えると、どうしてもかすかに後ろめたさが残ることになる。しかし、彼女のやり方ならばみんなハッピーになれるのではないか。

ジュディの行為は、金持ちが貧乏人に分け与えるというのとはちょっと違っていて、強い意志の裏づけが感じられる。何もしなければ何も起こらない。やはりここで重要なのは、**運をぐるぐる回す**というところにあるのではないか。バタフライ効果ではないけれど、とにかくちょっとした動きでも、それがあることによって運がいくらかでも動くことになり、それが重なっていくと、それがいつしか大きな動きになる可能性も出てくる。

日本では税制上の不備からなかなか寄付が行われにくいとされているが、これがアメリカだとほぼ日常的に行われている。ボン・ジョヴィは恵まれない人たちに食料を供給する団体をサポートしているし、ハリソン・フォードも熱帯雨林を守る環境保護団体の副会長をしている。ヨーヨー・マはクラシック振興の資金集めに奔走しているし、ポール・ニューマン・ブランドの食品の収益のすべてが教育やチャリティーに寄付されている。トークショー司会者のオプラ・ウィンフリーやテニスのアンドレ・アガシは恵まれない子どものための慈善団体をみずから立ち上げているという（二〇〇六年現在）。こうした例は枚挙に遑がない。

アメリカのある72歳の女性は、過去三十数年にわたって週に3日近所の病院でボランティアをしているというのだが、すばらしいのはそれを全然特別なことだと思っていないことである。どこかジュディと共通した意識を持っているのではないかと思う。分け隔てないこと、見返りを求めないことは、チャリティーとか施しとかボランティアのもっとも大事な点である。

日本ではＮＰＯというと活動資金集めに苦労している団体という印象だけれど、アメリカでは寄付文化が定着しているおかげで、あのハーバード大学やリンカーン・センターでさえNPO的な団体で、多くの寄付してくれる人たちによって支えられているのである。われわれもそれならそれで、運をとどこおりなく社会の隅々にまでいきわたらせるやり方を考えていかなければならないのではなかろうか。

03 この世に「いい人」と「悪い人」がいるわけではない

ノーベル賞を受けた湯川秀樹は狂言について次のように語っている。「狂言を読んで感心するのは、二百番もある曲のそれぞれに、何か特色があることとである。室町時代から江戸初期までのあいだに生きた私たちの祖先は、いかに好奇心が盛んで、新しいアイデアを考え出したり、取り入れたりしたか。狂言を読むと、なによりその点が強く印象づけられる[★04]」。

ただ、ここで取り上げる狂言『月見座頭』だけは、おかしさを犠牲にしても表現してほしい狂言の真髄が含まれているように思われる。狂言大蔵流山本東次郎の名著『狂言のすすめ』(一九九三年)に、『月見座頭』について書かれている一節がある。そこからこの狂言のあらすじを簡単にまとめてみたい[★05]。

今宵は中秋の名月で、座頭が一人、せめて虫の声に深まる秋を楽しもうと野辺に向かう。盲人の位には、座頭、勾当《こうとう》、別当、検校という位があるそうだが、座頭はそのなかでは最下位に属することになる。そこに上京《かみぎょう》からやってきた男が現れる。打ち解けた二人は、上京の男が用意した酒を飲み、謡ったり、舞ったり、すばらしい夜を過ごす。すっかり満足して座頭は帰りの途に着く。

ところが、なんと謡いながら帰る途中で、一人の荒っぽい男に行き当たられ、罵声《ばせい》を浴びせられ、引きずり回される。そして、突き倒された座頭を残して男は去っていく。あわれにも地に這《は》いつくばった座頭は、なんということか、この世には先ほどのようにすばらしく親切で思いやりのある人もいれば、見ず知らずの自分に対して、こんな仕打ちをする暴漢もいるものである、と慨嘆する。

しかし、実はこの荒っぽい男こそ、さっき親切に酒をごちそうしてくれた上京の男と同一人物なのだった。彼は別れた後ですっかり気が変わったのか、何か気分を害したことでもあったのか、理由はわからないが、とにかくもう一度戻って座頭を襲ったのだった。ひどい目に遭った座頭は、最後にくしゃみをして去っていく。

このストーリーは、おそらく当初は違ったもので、座頭に対してもっとあからさまな揶揄《やゆ》がこめられていたはずで、それを逆転させることによって、現在の作品になったにちがいない。「狂言は笑いという武器でもって、人間は誰でも一皮剝けばみな同じというところまで引き降ろしてしまう[★06]」。この逆転こそが多くの人々の共感を誘ったものだったのだろう。

現在、この狂言の解釈は、いかに座頭が教養あふれる人物で、からむ男が下品で教養がないかを表したもので、「目が見えない人間のほうが世の中のことがよく見える」ということを主題としていると理解されているようだ。しかし、果たしてそうだろうか。それはそれでいいのかもしれないが、もっと人間の本性にかかわる問題がそこに含まれているような気がしてならない。

野辺で出会った男は、中秋の名月のもと、百人一首にもある「天《あま》の原　ふりさけ見れば　春《かす》日《が》なる　三笠《みかさ》の山に　いでし月かも」（『古今和歌集』）くらいしか詠《よ》めない俗物なわけで、気まぐれに月を見ながら酒でも飲もうと野辺に出てきたものの、もともとさほど風流を解する者とも思えない。それだけでもこの狂言はとてもまともには終わらないだろうと見当がついてしまう。そういうわけだから、男の裏切りだってまったく予想外のこととは受けとられないかもしれない。ただ、興味深いのは、座頭には何が起こったのか理解できないのだが、観客のだれしもが、座頭に酒を振る舞ったのも、暴力を振るったのも、同一の人物だと知っている点であろう。

この狂言にひそむ不条理は、人間にはちょっとしたことで、そのときの気分や状態次第で、まったく異なる自分が表に出てくるということではないだろうか。スペインの闘牛士L・M・ドミンギンは次のような例を挙げている。「あんたは、(中略)ある日通りである男にぶつかって、失礼!と言う。別の日、別の男にぶつかったときは、クルリと振り向いて相手に文句を言い、殴り合いさえするかもしれない。それでもあんたは同一人物だ。あんた自身なんだ。だが、すべては同じであって、しかも同じものは何もない[★07]」。そう、**われわれはつねに同じ自分でいることはできないのである。**だれにも「自分のなかの自分でもわからない部分」がいつ表面に出てくるのかわからない。

こうしたことはわれわれの周辺でもしばしば見られることで、一緒に飲んでいて口論となり、カッとしてつい相手を殴りつけてしまったり、常連同士がささいなことでケンカになって救急車を呼ぶような騒ぎになったりすることがある。よく考えると、そんなことは日常茶飯事ともいえる事柄であって、まったく見知らぬ同士では多くの場合ケンカにもならないのである。諍いのほとんどは、むしろまったくの他人同士では起こりにくい。ある程度親しい関係にあるからこそやっかいなことに発展してしまうのである。ちょっとした言葉じりをつかまえて、言い争いになり、お互いに非難しあったあげく、つい手が出てしまうことになる。

まさかちょっと前まで一緒にきげんよく飲んでいた者同士がそんなことになるとはだれも想像できないにちがいない。当人にしたって自分自身の気分さえうまくコントロールできないのだから、他人から見て「自分」という存在が理解不能に見えたって仕方がない。あまり極端に気分が変わるようだと、こちらもちょっと困るし、最近では「多重人格」とかいわれてしまうことにもなるわけだが、そんなことはだれにでも起こりうることではないだろうか。だれにでもそれぞれに感情の起伏はあって、そのときの気分次第で、ウェートレスの不始末に対して、怒鳴りつけたり、笑って許したり、無関心を装ったり、さまざまな反応となって表れる。いつも同じとは限らない。

ただし、「自分のなかのわからない部分」はたしかにやっかいなものかもしれないが、同時に、また魅力でもあったりする。人間にとって、何が本質的で、何が派生的なことなのかは、つねに太古の闇のなかに隠されているのではなかろうか。

となると、いったい敵と味方はどこがどう違うというのだろうか。自分を守ってくれる者がいつか反乱を起こして自分を殺しにやってくることはないのか。もっとも信頼を寄せていた相手がもし最大の敵だったらどうしたらいいのか。そして、もっとも遠い存在（敵）だったものが、いつのまにか自分を決定的に支えてくれる味方になることだってあるのではなかろうか。われわれが憎むべきは、われわれと血のつながった人々か、それとも完全なる他者なのか。狂言『月見座頭』の舞台を見ると、そんなことばかり考えさせられるのだった。

04
エンジン01文化戦略会議

二〇〇七年、新潟で行われたエンジン01（ゼロワン）文化戦略会議というのに出たときのこと、そこで冒頭に茂木健一郎VS江原啓之の対談があったのだが、それがなかなかおもしろかった（以下、敬称略）。江原は「世の中がすべて物質中心に考えるようになって、これは困ったことだと思っている」とか「子どものことが大きな問題になっている、このままでは日本の将来はどうなることか」と強調したあげく、「そんなの関係ねえ」なんて言葉を流行らせてはいけないとまじめな顔をして言うのだが、それに対して、茂木が「あっ、かなり心配性なんですねえ」といつもの調子で軽く受け流す。

二人は当時、テレビ番組の「オーラの泉」と「プロフェッショナル　仕事の流儀」に出ていたのだが、その裏話もおもしろかった。「プロフェッショナル　仕事の流儀」はゲストの生活を2カ月間カメラで追って、その細部まで延々と撮影する。そして、それを編集して30分にまで短縮し、さらに、スタジオトークも4時間やって、それを15分にまとめるという。トータルで45分。かなり手がかかっているとのことで、それに対して、江原も「オーラの泉」だって放送する3倍は撮っているというから、なかなかテレビも大変なのである。

かつてぼくもNHKのキャスターを引き受けたことがある。一九九四年ころのことだったか、毎週金曜夜10時から始まる「35歳」という番組で、お相手は女優の原日出子さん。日本人の生活様式を考えた場合、一九五九年生まれの人々（つまり当時35歳だった人々）から大きな変化があったのではないかというのが大きなテーマで、当時30代だった田中康夫、川島なお美ら各界の著名人をゲストに招き、たとえば、「マスオさん現象」とか「ヌレ落ち葉」とか「アッシーくん」とか多くの流行語が生まれてきた背景について議論したのだった。そのときの収録もなかなか大変だったけれど、当時はそんなに時間をかけてなかったような気がする。ただし、こちらがただ楽をしていただけで、スタッフは大変だったのかもしれない。

まあ、それはともかくとして、そのエンジン01文化戦略会議で、ぼくが出たのは、秋元康、池坊美佳、和田秀樹ら出演の「笑える男と女　笑える恋愛論」と、岩井志麻子、中瀬ゆかり、安部譲二、浅葉克己との「笑っちゃう人生」だった。メインテーマが「笑い」だったからそういうタイトルになったのだけれど、いつでもそうだが、会場の人々を十分満足させるというのもけっこう骨の折れる仕事である。しかし、こういうライブでは何が起こるかわからないというのがおもしろいし、けっしてキライなわけではない。

ぼくはこの会議が創立されて以来のメンバーの一人なのだが、参加してみるたびに思うのは、ぼくを含めて、その多くがまともな社会からこぼれ落ちたというか、逸脱した人々だということである。よくいうと、社会の歯車として生産的な仕事をするよりも、自分にしかできない仕事を選んだ人々なのだが、悪くいうと、協調性に多少欠けるところがあり、一つの仕事を分担するようなことには不向きな人々ということもできよう。つまり、ぼくらの多くは「スラッカー」（怠け者）であり、一見したところ勤勉で熱心に見えるのは、自分の好きなことをやっているときだけで、ちょっとでも興味のないことだったらすぐに放り出してしまうのではないかと思われる。

ただし、この怠け者にもなかなかいいところがあって、命令されて一つのことを「やらされる」のには堪えられないのだが、そのかわり、自分の好きなことなら一日中でもやっていられるという面があって、それがとんでもなくいい仕事に結びつく可能性もある。

二〇〇九年の秋にウィーンにカフェの取材で出かけたことがあった。19世紀に全盛を迎えたカフェではどの客もコーヒー1杯で何時間でも居座ることができるし、みんな新聞・雑誌を読んだり、原稿を書いたり、議論をたたかわせたり、郵便物を受け取ったり、ゲームに興じたりしながら過ごすのであった。もちろんたった一人になって、たっぷりと自由な時間を享受するという客も少なくなかった。かつてカフェが女人禁制だったことからもわかるとおり、こういう場所がないと男たちはもともと生きていけないのである。

ウィーンでは、普段は平凡な勤め人でしかないような人々が、ホーフマンスタールの研究者であったり、ウィーンフィルのバイオリン奏者顔負けの名手だったりすることも多く、そうした豊かさはカフェでの人々の交流を抜きにしては考えられないのだった。ヨーロッパのカフェのどこでも見られる光景は、そこに置いてある新聞を読む人々や読書に親しむ人々の姿だが、歓楽都市ウィーンのカフェには、ビリヤードやチェス、カードを楽しむ人々、コンサートや朗読会に集まる人々、文学や政治・経済を語る人々などがいつも訪れ、大きな社交場としての機能をも果たしてきた。いまエンジン01文化戦略会議に集う人々も同じような目論見を持っているにちがいない（もちろん、こちらの会議のほうは女性も数多く参加しているのだが）。一人の人間がいくつもの顔を持っていたり、それぞれの居場所を確保できたりすることは、なによりも大切なことである。

16世紀以来イギリスを中心に栄えた「クラブ」文化というのもまったく同じ意図を持って生まれたもので、「ある規則のもとに集まる親しい仲間内の寄り合い★08」という意味合いで、同じく18世紀以降大きく発展することになる。日本でもJリーグができるまで、サッカーは野球と同様、企業スポーツでしかなかったのはご存じのとおり。しかし、それだといつまでも会社に一元化された生き方しかできないわけで、いわゆる人と人との結びつき、地域との結びつきに根ざしたJリーグの登場によって、ようやく日本にも「クラブ」文化が定着しつつあるのである。

カフェにしろ、クラブにしろ、エンジン01文化戦略会議にしろ、特に男性にはそういう複数の居場所が絶対に必要で、それがあって初めて社会生活を順調に営むことができる。ちょっと想像していただきたい。役所で働いている自分とカフェで議論している自分、演奏会でバイオリンを弾いている自分、果たしてどれが「本当の」自分に近いだろうか。

05

イヤなことはやらない

トム・ルッツに『働かない』（二〇〇六年）という名著がある。[09]「イヤなことはやらない」というと、まず、人間は本来怠惰な生き物なのか、勤勉な生き物なのかという大命題を相手にしなければならなくなる。それはそう簡単には解決できないだろうが、まあ、勤勉というのも怠惰というのも定義しだいで、それよりも、実際にどのような社会的背景があるのかが問題であろう。

たとえば、よく知られているように、『聖書』には「働かざるもの食うべからず」（パウロ書簡「テサロニケの信徒への手紙」）という言葉がある。そこから勤勉さこそ美徳という教えが唱えられることになるわけだから、まさに注目すべき言葉なのだが、その前に書かれた「コリントの信徒への手紙」にはまったく正反対に読める言葉がある。「あなたがたはキリストに結《むす》ばれ、あらゆる言葉《ことは》、あらゆる知識《ちしき》において、すべての点《てん》で豊《ゆた》かにされています」（日本聖書協会・新共同訳、以下同）。つまり、神は人間があらゆることから自由でいられるように、あらゆる恵みを与えてくれているというのである。さらに、「マタイによる福音書」になると、イエスの言葉として、もっとはっきりと「働かなくとも神からの恩恵は得られる」という点が強調されている。

空《そら》の鳥《とり》をよく見《み》なさい。種《たね》も蒔《ま》かず、刈《か》り入《い》れもせず、倉《くら》に納《おさ》めもしない。だが、あなたがたの天《てん》の父《ちち》は鳥《とり》を養《やしな》ってくださる。あなたがたは、鳥《とり》よりも価値《かち》あるものではないか。あなたがたのうちだれが、思《おも》い悩《なや》んだからといって、寿命《じゅみょう》をわずかでも延《の》ばすことができようか。なぜ、衣服《いふく》のことで思《おも》い悩《なや》むのか。野《の》の花《はな》がどのように育《そだ》つのか、注意《ちゅうい》して見《み》なさい。働《はたら》きもせず、紡《つむ》ぎもしない。★10

そもそも『旧約聖書』にも、怠惰を禁じる箴言《しんげん》はいくつかあるのだが、そこでも労働は喜びというよりも人間を貶《おとし》めるような災い、障害、面倒にすぎなかったのである。けっしてそこに人間の本分を見たりすることはなかったのだった。労働がモラルとして確立していくのはせいぜいプロテスタントの登場あたりからであって、彼らの手によって、その教えが強調されるようになるまで、労働が人間の本分であったり義務であったりしたことは一度もない。そういう意味では、それまではだれもがいわゆる「スラッカー」(怠け者)だったのである。

マックス・ウェーバー『プロテスタンティズムの倫理と資本主義の精神』(一九〇四―〇五年)によれば、労働を喜びであるとするプロテスタントの教えが資本主義の隆盛と結びつき、人類の偉大な発展を導き出したということになるわけであるが、もちろんこの論はウェーバーの発見というわけではなく、彼の先駆者たちの存在を無視するわけにはいかないだろう。

その一人がベンジャミン・フランクリン(一七〇六―九〇年)。産業革命の幕開けの時期に登場した彼は、「時は金なり」という箴言で有名だが、アメリカ独立宣言を起草した5人のうちの一人で、その自伝は現在に至るまで超ロングセラーとして知られている。彼が強調したのは13項目にわたる徳目で、それらは節制、沈黙、規律、決断、節約、勤勉、誠実、正義、中庸、清潔、平静、純潔、謙譲といったものであり、いまでもわれわれの職業倫理などに大きな影響を残している。

彼の一日の時間表には、「眠っている狐には、鶏は一匹もつかまらぬ」とか「寝たいなら、墓場に入ってからで少しもおそくない」とか、「ものぐさは、さびと同じで、労働よりもかえって消耗を早める。いっぽう、使いこまれた鍵は、いつも光っている」といった金言がつづられている。しかし、それこそまさに「偽善的な」生き方の見本でしかないことが、後の研究から明らかになっている。

『働かない』に転載されている彼の一日の時間表を見てみると、朝の設問「今日はいかなる善行をなすべきか」というところから一日が始まる。「起床、洗顔（中略）一日の計を立て、決意をなすこと。現在の研究を遂行すること。朝食」。そんなふうにして一日が始まるわけで、晩になると一日を振り返って、「今日はいかなる善行をなしたか」という設問が立てられる。「整頓。夕食。音楽、娯楽、または雑談。一日の反省」。そんなふうにして毎日が過ぎていくことになる。

多くの人々が「建国の父」フランクリンの教えを金科玉条のように守ろうと試みたわけだが、それを守るのに必要な努力は生半可なことではなかったようである。フランクリン自身、1週間のうちに13項目の徳目のうちいくつ誤りを犯したかを書き記しているのだが、ある週を取り上げてみると、フランクリンは1週間のうち規律に関して自分には7つの欠落があったと記している。それではほぼ毎日ではないかとツッコミを入れたくなるのだが、人にはきわめて厳格なフランクリンもどうやら自分には相当甘かったようである。そういう証言もまた数多く残されている。

一七七八年アメリカ使節団の一員としてフランクリンに同行してパリにやってきていたジョン・アダムズは、「彼は重要な責務のいっさいを遂行するには、あまりにも歳で衰えすぎているし、また怠惰で道楽に溺れすぎている」と遠慮なしに書いている。その批判は厳しいもので、さらに以下のように続いている。

フランクリン博士の生活は、放蕩につぐ放蕩の様相を呈している。……遅い朝食を取り(ママ)、それが済むやいなや、沢山の馬車の群れが彼との接見にやってくる。……哲学者やアカデミーの会員たちや経済学者たちもいる……だが群を抜いて多いのは女性たちだ……外出すると、帰りは夜の九時から十二時にもなり、時間などおかまいなしだった。★11

よくあることだが、こうした訴えを起こしたアダムズや他の使節団のメンバーらは議会によって罷免されることになり、フランクリンだけが代表の地位にとどまることになった。そうやってもっとも権力に近いものがいつの世も生き残ることになる。

ところで、こういう計画表をつくるのが好きな人間をしばしば見かけるのだが、だいたいそのとおりに遂行できたためしはないようである。どうやら計画表をつくること自体が楽しいらしい。実は、国民的英雄フランクリンもその例外ではなかった。トム・ルッツは、皮肉にも、フランクリンの「失われた時間は、二度と戻ってこない」という警告も、だから大事な自分の時間をあくせく働いて失うべきではないという意味にもとれるのではないかと論じている。

だいたい**すぐれたアーティストや作家・音楽家らは、仕事をしないことを誇**

りにしてきたものである。マルセル・デュシャンは、その生涯にした仕事はごくわずかだが、ピカソとならんで20世紀でもっとも偉大なアーティストの一人に数えられている。彼はどうやら1年中チェスをして遊んでいたらしいし、その女装趣味も有名だ。「労働は私たちを自由にするのか」それとも「何もしないことが私たちの潜在能力を解き放つのか」という議論には、そう簡単に答えは出ないだろう。

ここで、トム・ルッツの『働かない』に収められたジョゼフ・デニーの「ラウンジャーの日記」を載せておきたい。ラウンジャーとは、スラッカーと同様、「怠け者」をさす言葉である。いつかフランクリンの一日の時間表とあわせてごらんになるとおもしろいのではないか。★12

日曜の朝、九時半。あくび――呪わしいほど眠い。

十時。請求書を半分読む――頭痛。

十時半。教会に行くには寒すぎる。――呼び鈴が頭痛をひどくする――「メモ」あの騒音から逃れるために引っ越しをすべきか。

十一時から十二時。チョコレートを食べる。――ヘンリエッタ・ハーヴィルの小説を一ページの半分読む……

十二時。テラス――人っ子ひとりいない。――帰り際、三角帽子を見た。それと、帽子の下にいた男も。

一時半。昼食。――食欲がない……

五時半。フェザーと紅茶を飲む。――「メモ」彼の絹の靴下。――「メモ」あの柄は去年の冬に街で見た。――「メモ」彼が履《(ママ)》かなくなるまで、口にしないこと。

六時半。あくびをし、目を醒ます。

七時半。目を醒まし、あくびをする。

七時から八時。人の世をはかなんで気持ちが沈む。

八時から九時。日記を書く。――靴の留め金を締める。

九時から十時。耐えられないほどの憂鬱。――「メモ」憂鬱とは森羅万象のなかでもっともうんざりさせるものである。

十時から十時半。ダッパーの部屋でくつろぐ。――ラテン語を読んでいる彼をつかまえる。

思わず笑ってしまうような一日だが、よく考えると、あまり自分と違っていないことに気がつく。とりわけ大学に通っていたころなど、まさにこんな毎日が続いていたのだった。おそらく朝の頭痛は二日酔いによるものではなかったか。こんな調子では昼になっても食欲がないのは当然であろう。まだ彼の場合、朝9時半には起きているようだが、こちらの場合は、起きたら夕方というようなこともしばしばだった。もう他にすることがないので仕方なく大学近くの雀荘に出かけていって、そこにたむろしている「怠け者」仲間とまた徹夜で遊ぶことになる。

当時は、いまだからこそこんな生活をしていられるけれど大学を出たらそうはいかないだろう、と漠然と考えていたが、結局、現在まで同じような毎日がずっと続いているわけだから、人間なんでもやればできるということなのかもしれない。いや、ぼくだけではない。一九九〇年代、テキサス州知事だったジョージ・ブッシュ（前大統領）の生活ぶりも、ジョゼフ・デニーの一日とそう変わらなかったようである。

何事もブッシュの注意を一時間より長く引き付けてはおかなかった。せいぜい一時間――たいていの場合は十分か十五分。テキサス州知事としての彼の一日は、スタッフのチーフだったクレイ・ジョンソンの表現によれば、「ハードな半日がふたつ」だった。午前八時から十一時半までオフィスに立ち寄るが、その途中に十五分間の会議がいくつか入る。十分間のこともあるが、三十分間になることはめったにないとジョンソンは言う。十一時半には「出てしまう★13」。

それから1時半にオフィスに戻るのだが、よほどブッシュはオフィスにいるのがイヤだったらしい。彼はその後、「三時ごろまでゴルフのヴィデオゲームをやったり、コンピュータでソリティアをやったりする。そのあと五時半までが二回目の『ハードな半日』だ」。このあたりは現在の自分と比べてもまったく瓜二つで、ぼくの場合は、すでにソリティアを最後までやりつくしてしまっており、仕方なしにマリオなどで遊んだりするのだった。

こういう人間が後にアメリカ大統領になったことをわれわれはどう考えるかだが、もちろん、こうしたブッシュの生き方がわかればわかるほど、むしろ彼をキライになれなくなるのは仕方がないことだろう。

06 欲張っていろいろな人生を生きる

ぼくはこれまで大学教授にしてギャンブラーとよく書かれてきたけれど、多くの場合は旅行者であり、また、毎晩のように女の子たちと飲んで遊ぶ享楽的な人間でもある。いつも**「人間はまったく異なる二つの側面を持たねばならぬ」**と思って生きてきた。ところが、インドネシアのバリ島では、もっとすごい。彼らのほとんどが、たった一日のなかで、同時に、農民であり、遊び人であり、宗教者であり、アーティストなのである。彼らにとってはこの道一筋30年なんてえらくもなんともない。

先に、**自分には正反対の「自分」が隠されている**と述べたが、その言葉をさらによく噛みしめてみる必要がある。人生は短く、あっというまに終わってしまう。あなたは欲張っていろいろな人生を生きてみるべきではないだろうか。可能なことはできるだけすべてやってみる価値がある。人の何倍も生きるというのはそういうことではなかろうか。同じような仕事を人の何倍もやって、いったいどうしようというのか。

その点、女性は生まれつき男性よりも優位に立っている。女性は男性と違っていくつかの人生を歩むように生まれながらにインプットされている。少女として育ち、結婚して妻となり、子どもを産んで母となる。さらに、仕事を持ってＯＬとして働き、音楽でも俳句でもなんでもいいから特技を身につければ、あっというまに一人五役くらいになる。そうなると、**彼女らは女であり、妻であり、母であり、ＯＬであり、アーティストである。**もちろんそういう選択ばかりではなく、結婚したり、子どもを産んだりしなくてもかまわない。その場合でも、すでに選択はなされているのである。

ぼくがここでいいたいのは、男性もまったく同じように生きることができるのではないかということである。たとえば、バリ島では、男たちのほとんどが一日のうちでいろいろな役割を果たすことになる。普通の人々も、朝は農民として働き、昼になって陽が高くなると木蔭で休んだり、道端で賭け事に興じたりする。そして、夜になり、祭りの時間になるとお坊さんになったり、ガムランを演奏するグループに入ったり、トランスに入ってダンスを踊ったりと、いろいろな役割やシーンをそれぞれ演じることになる。そこでは一人の人間がいろいろな存在になることができる。西欧や日本の人々が限界を感じているのは、そういう意味での豊かさからどんどん遠ざかっている点で、こういうことはけっしてお金では得られないのである。

これまでバリ島調査を30年近くもやってきたけれど、バリ島では、1年365日のうち、祭りの数は1万以上。いつもどこかで祭りをやっている。祭りのときにお坊さん（プマンク）も来ることは来るのだが、彼らも普段は農民として暮らしている。また、普通の人々も、朝は農民として働き、祭りの時間になるとお坊さんの役割をも果たすことになる。かつては日本でもそうだった。それだからこそ単調な毎日でもそれなりに楽しく過ごすことができたのである。

つまり、われわれの社会のように、朝起きて、パンをかじり、歯を磨いて、電車に乗って、会社に行くというように、時間的継起に従って単一に生きるのではなく、一人の人間が、同時にいろいろな役割を持っていられるというのがすばらしい。それこそ人生を一番リアルに感じられる状態ではないかと思う。大学教授であるとか、ギャンブラーであるとか、旅ばかりしている人間であるとか、そうやって、自分を、いつも違った得体の知れない人間にしておくことによって、ようやくリアリティに少しでも接近できるような気がしている。逆に、自分を「これ」という枠に収めてしまうと、リアルがするっと抜け落ちてしまう気もするのである。

日本のように帰属する場所が限られた社会では、たとえば、いったん学校や会社を離れると、何者でもなくなってしまう。また、もし学校や会社でうまくいかないと自分の居場所そのものがなくなってしまうことになる。その典型が「いじめ」である。陰湿ないじめや仲間はずれや落ちこぼれが生まれるのにはそうした背景がある。それをなくす手立てはなかなか見つからないだろうが、とりあえずは複数の帰属を持つことがもっとも必要なのではないかと思われる。なんでも一つよりも二つのほうが好ましいことが多いのである。

かつてはカーニヴァルなどで、仮面をかぶったり、仮装したりして、別の自分になる機会が社会的に与えられていた。ネイティブ・アメリカンの「キヴァ」(祭場)も同様で、収穫祭などの機会に、だれもがいつもの自分とは違う自分になれたのだった。無礼講も許された。いまなら大変なことになるのだが、そういう際には、お酒を飲んで暴れたり、ちょっとくらい女性のお尻を触っても笑って済まされたのである。それくらいの寛容さは、実は、われわれの社会にもある程度必要なのではなかろうか。

自分の身に起こることはすべていいことなのだ

Lesson 6

01

幸不幸というのは後からやってくる

人生ではいろいろなことが起こりうる。その一つひとつに、うれしかったり、悲しかったり、楽しかったり、落ち込んだり、さまざまな感情を抱くにちがいない。それはそれで仕方のないこと。いいことばかりは起こらないし、悪いことばかりも起こらない。ただ、起こったことをどのように受けとめるかでそれ以降の人生は決まってしまうことになる。

だいたい一つの出来事が幸せかどうかはそのときには判断がつかないものである。つまり、言い換えると、**幸不幸というのは後からやってくる**のである。あるときの喜びが後で大きな災いのもとになったり、とんでもない不幸だと思っていたことが後になってみるとすべてがうまくいくきっかけとなっていたりする。そのときにはわからないことが人生を決めることになる。たとえ財布をなくして、そのなかに入っていた大金のみならず、カードや免許証、身分証明書などすべてをなくしてしまっても、それだけではけっして不幸とばかりはいえないのである。もちろん好ましくない出来事であり、ちょっと落ち込んだり煩わしい思いをさせられたりはするけれど、適切に処理さえすればそんなにたいしたことではないように思えてくる。

かつて、関西の大学に勤めていたときのことだが、渋谷の西武百貨店でバリ島フェアのようなものがあり、そこで「バリ島の快感原則」と題して講演したことがある。翌日が日本ダービーで、ぼくは銀行からそれなりの大金を下ろし、さらに、講演のギャラも財布に加えて飲みに出かけ、深夜の電話ボックスにすべて置き忘れてしまったのだった（当時はケータイなどなかった）。すぐに気がついて戻ったけれど、どこにも見つからない。真っ青になって近くの交番に出向き、事情を話してから、カード会社などにも連絡を入れて、家に戻ったときにはすでに夜も明けようとする時刻になっていた。

電話をかけるために財布と一緒に取り出した住所録も予定表も何もかもなくしてしまったの

で、そのときにはもちろんショックだったのだけれど、そういうことが起こるというのは、自分のことばかり考えて調子に乗っていたのかもしれないと思い、それからしばらくは翻訳などの落ち着いた仕事に取り組むことにしたのだった。何か悪いことが起こってもそれを引きずらないで、すぐに気分を変えて、自分のところに回ってきている運を他に回してあげなければいけないと考えたのである。そうすることによって、ぐるぐる回ってきた運が、他人を経由して、またいつかこちらに戻ってくるのではないかと思ったのだった。

人間を人間たらしめているのは、そのように「いいことを独り占めしない」「自分の懐だけ豊かになればいいと考えない」ところにあるのではないかと思う。人と争ったり、人を負かしたりするのは生きていくうえで避けられないことかもしれない。そのことを否定するのではなく、**つねに自分を負けた側の立場において考える**ことが大切だということである。運をぐるぐる回すといっても、わざと負けるというのではない。急がば回れだ。それは金銭だけの問題ではない。運がぐるぐる回らない社会はいつか硬直化して滅びるだろう。勝ち組と負け組がはっきりするような社会も当然同じ運命をたどるにちがいない。

02

果たして不幸はあなたのせいか

一八八五年に出版されたモーパッサンの傑作『首飾り』。人生が暗転する瞬間をこれほどリアルに描いた短編はない。わずか15ページくらいなのに、人生の喜怒哀楽のすべてが描き込まれている。山田登世子さんの新訳が出たというのでさっそく読み直してみたのだが、いろいろと考えさせられることが多かった。[★01] 以前、どの文庫か忘れたが、帯に「一人の女の浅はかな虚栄心がとりかえしのつかない人生をもたらす」という主旨のことが書かれており、たしかにそのとおりではあるのだけれど、なんだかそう断定されてしまうと作品の魅力が半減してしまうような気もするのだった。

ストーリーは単純だ。夜会に招かれた下級官吏の妻が、その夜、友人から借りた首飾りを紛失してしまう。夫婦は弁償するために10年かかって信じられない苦労をするのだが、借金を返し終えたある日、それがイミテーションだとわかるのである。

この話のなによりの魅力は、人生ってどれも似たりよったりなのかもしれないと思わせるところにあるのであって、因果応報のストーリー——つまり、身分不相応な夜会に出るために見栄でダイアモンドの首飾りを借りたりするからそういう目に遭うのだ——へと落とし込んでしまってはどうにもならない。これはけっして他人事《ひとごと》ではないのである。要するに、生きていくうえでだれもが経験することであり、どこで負債を払うかの違いしかないということである。幸運がやってきて、そして、不運がやってくる。めくるめくような幸せの瞬間と、どうしようもなく落ち込んで目の前が真っ暗になる瞬間とが交互にやってくる。どちらも避けられないとしたら、あなたはどのように振る舞うべきなのか。

もう少し詳しく検討してみよう。主人公のマチルドは美しくて魅力的な娘だったが、これといった家柄でもなければ、資産があるわけでもなく、普通の小役人と結婚してしまったのだった。彼女は着飾ることもできない生活につらい思いをしていた。たしかにそれほどの魅力もそなえていたのである。そんなある日、夫のロワゼルから役所の主催する夜会の招待状を見せられる。ところが、彼女は喜ぶどころか、夜会に着ていける服もないのが悲しいと涙を流すのである。「どれくらいかかるものかね、ちゃんとしたドレスってやつは」と聞く夫。「よくわからないけど、四〇〇フランもあれば何とかなると思うわ」。彼は少し青ざめたが、猟銃を買うために長いことかかってちょうどそれだけの金を貯めていたのだった。

ところが、いよいよ夜会の日が近づいてくると、彼女は何か思い悩んでいる様子。「どうしたんだい、ねえ、この三日というもの、君はおかしいよ」と夫が聞くと、彼女は「宝石が一つもないのがつらいの。（中略）お金持ちの女たちの間で貧しげななりをすることほどみじめなものはないわ」と答える。夫は、フォレスティエ夫人に借りたらいい、と妻に提案する。夫人は唯一のお金持ちの友人で、彼女からすてきなダイアモンドの首飾りを借りるのに成功する。

そして、いよいよ夜会の日がやってくる。「彼女は誰よりも美しく、優雅で、愛嬌があり、笑みを絶やさず、よろこびにあふれていた。（中略）男という男が彼女を見て、名をたずね、紹介してもらいたがった。内閣のお歴々がみな夫人と踊りたがった。大臣も彼女に目をとめた。（中略）彼女は悦びに酔いしれ、ぼうとなって、我を忘れて踊っていた」。彼女に与えられる賞賛の声や感嘆の視線にこれ以上ない幸せを感じたのだった。

ところが、朝の4時頃になって夜会を後にした彼女は、家にたどり着いて初めて首飾りを身につけていないのに気づく。ぎょっとして立ち上がり、二人は歩いた道のりをもう一度たどり直したり、告知を出したりして、万全を尽くすのだが、ついに首飾りは戻ってこなかったのである。

二人は似たような宝石を買い求めることに決め、宝石店を訪ね歩き、ついにパレ・ロワイヤルの宝石店にたどり着く。そこで言われた金額はなんと四万フラン！　いったいいまのお金に換算するといくらくらいだろうか（七〇〇万円くらいか）。それを三万六〇〇〇フランで買うことにして、父の遺産分一万八〇〇〇フラン以外は、あらゆる友人に「自分の残りの生涯を全部かたに入れ」るつもりで借金し、それからあらゆる内職をこなし、倹約につとめ、毎月手形を切り直して時間稼ぎをしながら、すべての負債を払い終わったときには、なんと10年の歳月が過ぎていたのである。

彼女はすっかり老け込んでしまい、貧乏暮らしが身についてしまっていた。そんなある日、シャンゼリゼを散歩していると偶然フォレスティエ夫人と出会う。「まあ！……マチルドなの、なんて変わりようなの！」と言われるが、もう全部支払いも終わったことだし真実を話してもいいだろうと、マチルドはついに首飾りの事情を話し出したのだった。するとフォレスティエ夫人はびっくりして、「ああ、マチルド、どうしましょう！　わたしのはイミテーションだったのよ」と言って彼女の両手を握りしめるのだった。

いかにもありそうな結末だが、さすがにモーパッサンだけあって、人生が暗転する瞬間をみごとにとらえている。夜会での彼女の恍惚とした表情が目の前に浮かび上がるようだし、紛失に気づいた瞬間の絶望的な気持ちもよくわかる。だれしも程度の違いこそあれ似たような体験の一つや二つはあるはずで、そのせいかどうも他人事とは思えない。だれもが深刻な事態に自分のことのように真っ青になるのである。まるでジェットコースターが頂上からもっとも低い部分に落下するかのような気持ちを味わったのではないか。

この短編で描かれているテーマは**「一人の女の浅はかな虚栄心がとりかえしのつかない人生をもたらす」**とされてきた。意見を聞いてみたところ、「素直に謝っておけば苦労せずに済んだものをごくろうさん」とか「あまり調子に乗らないことよ」という感想もあった。おおむね虚飾の罪を強調するものばかりだった。しかし、本当にそうだろうか。これを浅はかな女性の虚栄心といって済ませられるものだろうか。マチルドが自分の質素な生活に不満を持っていたのはたしかで、そういう観点からすると、彼女が身のほど知らずの願望を抱いたため、皮肉なことに10年間もムダに苦労せざるをえなかったという読み方もできるだろう。彼女が夜会に行ったこと自体を好ましいことではないと断じ、それに見合った罰を受けるのは当然のことだと考える人もいる。

03
ちょっと見方を変えてみると

しかし、よく読み直してみよう。ここで重要なポイントは、マチルドも夫のロワゼルもあくまでも夜会での成功には満足しているという点である。それは彼らの人生でもっとも輝かしい瞬間だった。それは次のような描写からもわかる。「それでも、夫が役所にいるときなど、彼女はありし日の夜会の舞踏会のことを想うのだった。彼女があれほど美しく祝福されたあの日のことを」。つらい10年間を送った後になっても、マチルドはあの夜会での悦びをしみじみと思い起こすのだった。首飾りをなくしたのは悲劇だったけれど、なんと彼女はあの日のことを後悔していないのだ。モーパッサンはそれに続く文章を次のように結んでいる。

あの日、首飾りを失くすようなことがなかったら、いったいどうなっていただろう。そんなこと誰にわかろうか、いったい誰が。人生はなんと不思議にできていることか！　ほんのちょっとしたことで、破滅したり、救われたりするのだから！[★02]

これをいかに解釈するべきなのだろう。マチルドを非難する立場からは、ちょっとしたことでこんなにも不幸な目に遭わざるをえなかった彼女の人生を揶揄したものとみることもできるだろう。しかし、ちょっと待ってほしい。「ほんのちょっとしたことで、破滅したり、救われたりするのだから！」という1行はいったい何を指しているのだろうか。単なるレトリックにすぎないのだろうか。「ほんのちょっとしたことで、破滅したり」はよくわかるにしても、それに続く「救われたりするのだから」は何を意味しているのか。この場合、いったいどうして救われることがあるのか。

つまり、そうなると、マチルドがちょっとした失敗をきっかけに自分の人生を肯定的にとらえられるようになったと逆に見ることも可能になるのではないか。単なるアクシデントをきっかけに、彼女の人生の見方が変わったとはいえないだろうか。いくつかの点からそれを検証してみたいと思う。

まず、マチルドとロワゼルの夫婦関係がおおむね良好なのは、テーブルについた夫の次のセリフからわかる。「ああ、うまいポトフ！　何よりだよな……」。マチルドもきちんと夫を満足させるだけのことはやっているのだ。それはいろいろな場面に反映されている。首飾りを紛失したときにも、夫は一言も非難するようなことはなかったし、それにどう対処するかというときでも、自分が受け取るはずだった遺産から何からすべてなげうって文句の一つも言わない。マチルドもなんとか謝って済まそうとせず、ただちに弁償することしか考えなかった。どんなに大変であろうと自分たちの責任で働いて返すことを選んでいる。おそらく彼女は夫のロワゼルが何か大きな失敗を犯したときでも、夫のために身を粉にして立ち回るにちがいない。これには異を唱える人も少なくないのだが、ぼくにはそう読みとれる。

物語はフォレスティエ夫人の「わたしのはイミテーションだったのよ」というセリフで終わっているので、その後マチルドがどのように反応したかはわからない。落胆の表情を見せたり、青ざめてすぐに自分の人生を呪ったかもしれない。しかし、夫人に打ち明けられる前に、「(別の品だとは）気がつかなかったでしょう」と言ったときのマチルドの「得意げに、無邪気に笑った」という様子からして、彼女自身、自分の生き方をいまやのびのびと肯定しているのが見てとれよう。首飾りの紛失はだれにでも起こりうる偶発的な事件にすぎない。はっきりしていることは、ちょっとした不注意はあったかもしれないが、マチルドにも（もちろん夫のロワゼルにも）それほど大きな過失はなかったのである。**人はすぐにちょっとした過失を当人の過大な欲望や好ましくない生き方と結びつけようとする。**どうしても教訓的な話にしたがる傾向がある。しかし、彼らは人をだましたり、傷つけたりしたわけではない。そこには最初から倫理や道徳の出る幕はなかったのである。それをいうならば、むしろ、その後に二人がとった生き方のほうを問題にすべきであり、そこを見落とすと、自分とはまったく関係のない出来事になってしまう。

ちょっと想像してほしい。まったく波風の立たない平穏な人生というものがあったとして、それは当人にとって幸せなものだろうか。失敗がないということはとりわけ大きな成功もないということを意味している。失敗のない成功などけっしてありえないからだ。たとえば、カジノのテーブルで一〇〇〇円のチップで勝負する人が一〇〇〇万円勝つことなどほとんどありえない。人間にはその人の分限というものがあり、それを超えるためには超人的な努力が必要となる。

もちろん、波風の立たない平穏な人生がイヤだからといって無茶をして、病気になるのもイヤだし、事故に遭うのはもっとイヤだ。しかし、病気が全快すれば心からうれしいし、ケガから回復したら幸せと思うことだろう。それは前にも述べたとおり、たしかに本当の幸せではないかもしれないが、それでも悪いことが起こらなければ自分がこうして生きていることがいいことだと実感できなかったのではないか。**いいことが起こって、そして、悪いことが起こって、初めて自分の幸・不幸を実感できる**のではなかろうか。

夫との関係が良好だとはいえ、マチルドは自分の生活に不満を抱いている。本来ならばもっと幸せであるべきなのに、下級官吏と結婚したばかりに、自分はこんな惨めな生活に耐えなければならない、と思っている。いまの生活はまったく不本意で、もしもう一度生きられたらおそらくこんな人生は送らないだろうと思っている。夫にも少し不満がある。この人は私を不幸にして平気な顔をしている。なんて鈍感なのかしら。

しかし、よく考えてみると、マチルドたちの生活はそんなに耐え難いものなのだろうか。夫には猟銃を買うために貯えたお金があり、おいしい料理を食べることができ、家事手伝いまで雇っている。もちろん、上を望めばきりがないけれど、これほど安穏とした人生を送ることができれば、だれしもが満足しなければならないだろう。しかし、ただマチルドには、それを幸せと実感できなかったのである。もっと困難な状況でも幸せに暮らしている人もあるというのに、なんという贅沢なことか。しかしながら、惨めな生活を経験したいまとなって、マチルドはようやく自分がいかに幸せだったかを理解し、どうしたら自分が幸せでいられるかということ、つまり、自分自身の生きる意味を見つけたのではなかったか。

成功や失敗は人生につきものであり、そんなことはだれしもが経験することだし、たしかに教訓の材料になりそうな話もいっぱいあるけれど、まず人生において失敗はどうやっても避けられないものだと認識するべきではなかろうか。運というものは、上がれば落ちるし、落ちれば上がるもので、その境目などだれにも適切につかまえることはできない。気をつけるに越したことはないが、それでは人生を心から楽しめない。とにかく、自分に起こったことを運がいいとか悪いとかいう前に、それにどのように対処するかを学ぶべきだということである。モーパッサンが『首飾り』を二通りに読めるようにしたまま終えたのは、まことに示唆的なことだといえるだろう。

われわれは、いかなる選択もそれが正解であるとか間違いであるとか簡単に決めつけるべきではないとくりかえし強調してきたが、**むしろ失敗と思える状況に置かれたときこそ重要なのである。**外から押しつけられた道徳や社会通念や既成事実に逆らって生きることも必要なときがやってくる。それをきっかけに自分自身のなかに隠された大きな可能性を開花させることも可能となるにちがいない。打ちひしがれてばかりいてはならないということである。

そのためには、いいことも悪いことも一緒に楽しめるような大きな度量が必要となる。勝って喜び、負けて悲しむのは、人間の性ではあるが、それを乗り越えていくところに生きる意味が見つかるのではないか。そして、それこそ、だれもが持ちうるもっとも誇るべき人間的な特質の一つなのである。

04
自分の身に起こることはすべていいことなのだ

エチオピア北部のラリベラからメケレに向かって車を走らせているときのことだった。走行時間は10時間以上にもなる。見わたす限りサボテンや灌木《かんぼく》しか見えない荒涼たるところで、ぼくらが乗っている車がパンクした。運転手は慣れた手つきでジャッキを取り出し、すぐさま修理に取りかかった。ぼくと写真家とコーディネーターのハゴスというエチオピア人は所在なさそうに道端でタバコを吸いながら修理が終わるのを待つしかなかった。★03

すると、10分も経っていないのに、7、8人の現地の人々が集まってきて車を覗《のぞ》き込むようにしている。いったい彼らはどこから湧いてきたのだろう。たしかに車がパンクしたときには視界の果てまで人影はなかったはず。運転手は20分ほどで手際よく修理を終え、ぼくらのバンは再びピステ（でこぼこ道）を走り出す。ほとんど変化のない景色が続き、2時間ほど走ったところで、またいきなり車がストップする。またもやパンクだった。さっきと同じ左の後輪で、運転手は眉をちょっと上げただけで、無造作に修理の道具を取り出そうとしている。

そこは片方が急峻《きゅうしゅん》な崖《がけ》で、さっきにもましてどこにもだれの姿も見えない。写真家が用足しに出たのを見て、ぼくも逆方向のブッシュに向かう。そして、気持ちよく放物線を描くようにしていると、ほぼ同時に、目の前のブッシュの向こうからエチオピア人のおばさんが顔を出した。うっ、と思ったが、途中でやめるわけにもいかない。こうなったら知らん顔しているしかない。彼女もじっと目を離さない。そんなに珍しいか、と言いたいところだが、こちらも自慢できる格好ではないし、とにかく早く終えることだ（と心のなかで焦る）。遠くから見られているのならまだしも、すぐ正面のブッシュから（しかも女性に）見られるなんて、変態でもない限りあまり愉快なものではない。そうしていると、今度はやや若い女性が別の方向から顔を出そうとしている。あやういところだった。やっとバンに戻ると、やはり5、6人の現地の人々が車を取り巻いている。いったい彼らはどこに隠れていたのだろうか。

そんなことを3度くりかえし、ということは道中3度もパンクして、ようやく車は10時間かけてメケレに到着したのだった。でこぼこ道を10時間走るというのは、書くとわずか1行で済んでしまうのだが、それはまあ大変な苦行である。なにしろ、そのあいだずっと身体中が振動で飛び跳ねている。もちろん本を読むことも音楽を聴くこともできない。あまりのことに横になって眠ろうとしてもそれもできない。二人がけのシートになんとか身体を折り曲げるようにして横になろうとすると、コーディネーターのハゴスが自分のセーターを脱いで、ぼくの頭の下に差し入れてくれた。彼はやさしい人柄なのだった。

しかし、最初は気がつかなかったのだが、しばらくしてそのセーターがものすごい臭いを発しているのに気がついた。とても耐えられないほどの臭いだった。翌日シャワーを浴びてもその臭いから離れることはできなかった。いったい彼は何カ月シャワーを浴びていないのだろう。いや、彼らにはセーターを洗うという習慣がないのだろうか。ハゴスの善意を裏切らないように、にっこりと笑って返したが、いったん気になりだすと、彼が身体を寄せるたびにその臭いにやられてしまうのだった。

そういえば、エチオピアでもっとも苦労するのはノミや南京虫の総攻撃で、いくら防御してもダメだと来る前から脅かされていた。現地のエチオピア人からピョンピョンとこちらに入り込んでくるから、特に教会や修道院では気をつけるように、と言われていた。しかし、インタビューするのに、ボクサーのように身体を左右に振って虫をよけるなんて失礼なことはできない。どうしても相手に近づかざるをえないのだ。

ホテルのベッドにもノミや虱《しらみ》がいっぱいいて、身体中真っ赤な湿疹《しっしん》がいっぱいできて、帰国しても3カ月くらい悩まされた、と友人から聞かされていた。そのかゆさはたとえようがないらしいのだが、不思議なことにエチオピア人はそれを全然かゆく感じないのだそうで、そういえば、南アジアでもそんなことがあったのを思い出す。

用意周到なことに、ぼくらはベッドにビニールシートを敷いて、そこに殺虫剤を噴霧し、さらにその上に写真家が買ってくれた「ムシさんバイバイシート」をかけて、ようやく眠りについたのだった。最初の夜など、ベッドのシーツの上に寝袋を敷いて、その中に入って寝たりした。部屋の中で蚊取り線香をたき、虫除けの超音波が出る器具もずっとオンにしたままだった。まるで第三次世界大戦に立ち向かう兵士のような意気込み。人間VS虫の容赦のない戦いだった。

もちろん、ぼくがそんなに用意周到なはずがない。それらはすべて同行した写真家が日本で買ってきてくれたもので、ぼくはいつものように何も持たずに来てしまっていた。無防備この上ないことだが、すべて必要なものは現地でそろえるというのがぼくのポリシーなのだった。しかし、そうはいうものの、ぼくは虫刺されにはきわめて弱く、どんな団体で出かけても、ぼくだけが集中攻撃を受けるのである。いつもビールを飲んでいるせいか、元来だれよりも体温が高いせいか、それとも前世の祟りなのか、蚊の集中攻撃を浴びてから、そこが異常なほど赤くはれあがり、ちょっと掻くと、そこから透明な体液がとめどもなく湧いて出てくるのだった（みんなは怖がって寄ってこなくなる）。そう書くとつらいことばかりに聞こえるが、そういうのが一生忘れられない旅になるのだから不思議なものである。

もし観光旅行でバスの到着が遅れたり、だれかの準備が遅れて出発が延期になったりすると、きっとあなたはイライラすることだろう。また、旅行中にすばらしい場所と出会ったとする。これまでここに来るためにお金を貯めてきたのかもしれない（とあなたは思う）。ただそこにいるだけで心が研ぎ澄まされていく。眠気にも誘われる。心が本当に求めている場所ではだれでも眠くなるものなのだ。しかし、バスの集合時間まであと15分しかない。カメラやビデオの撮影もしなければならない。こんなすばらしいところにいた記憶をなんにも残さないで帰るわけにはいかない。そんなことをしているうちに、あっというまに時間切れとなる。

前にも述べたが、旅と観光の大きな違いは、日常から離れられるかどうかということであり、それには「時間に縛られない」ということが大前提となる。スケジュールが決まっているというのでは、それは単なる日常の延長にすぎない。あくせくと時計を見ながら過ごさなければならないなんて旅じゃない。予定さえなければ、たとえトラブルに巻き込まれたとしても、それらをそういう旅だったのだとめきらめられる。偶然、旅先で出会った人にお茶に誘われる。家中で歓迎される。そんなことも旅の楽しみの一つ。もちろん、知らない人は危険だというのも頭の片隅に置いておかなければならない。それでも、だれにも会わなかったら何も起こらない。飛行機が落ちたりしたら困るけれど、ちょっとしたトラブルならばどうにでもなるものだ。

かつてモロッコを旅してマラケシュの小さなホテルに戻ったら、預かってもらっておいた旅行カバンのカギがどこにも見当たらない。着替えもタオルもすべてカバンの中なのに、シャワーも浴びられない。さんざん迷ったあげく、旅行カバンのカギを壊すことにした。それ以降カギはかからないけれど、ベルトやひもでぐるぐる縛って運べばいい、そう考えたのだった。

しかし、それは甘かった。いったんカギを壊したら、カバンはぴったり閉まらないだけではなく、中のものがぐちゃぐちゃにはみ出てきそうになった。仕方ないのでスーク（市場）に出かけて、適当なカバンを買うことになった。そして、安いカバンを買って旅を続けることになったわけだが、その買物は楽しかった。1時間もその店にいて、二万円と言われたのを五〇〇〇円まで値切って、他のスカーフなども買いそろえ、意気揚々と宿に戻ったのだった。すると、宿の主人が申し訳なさそうに、バイトの男の子がすぐにカギを見つけてフロントの引き出しの中にポーンと投げ込んでおいたのに、だれもそれを自分に報告しなかったらしい、と詫《わ》びた。しかし、それもまた旅なのだ。おかげでスークで楽しい会話を楽しめたし、買い物もできたし、マラケシュの夜を堪能することもできた。旅では自分の身に起こることはすべていいことだと思ったらいいのである。

05
人生にも折り返し点がある

つまり、ぼくがずっと気をつけていることは、なにより、あまり「不幸」を拡大解釈しないことである。ぼくはこれまでにも、**人生ではだれの身にも公平に起こることを不幸と呼んではいけない**と強調してきた。そういう意味では、年をとって、病気になり、やがて死ぬという運命を呪ったりするのは馬鹿げたことである。それは生き物としてごく当たり前のことであり、不幸でもなんでもない。もしかしたら、それこそ手に持っているだけで安心できる最後の切り札なのかもしれない。年をとってからさらに100年も生きるのはまっぴらごめんだが、そうはいっても、若く未熟なまま200年生きるというのも考えるだけでうっとうしくないだろうか。

年老いてからの深遠な知恵と輝くような若さとが共存できたらベストだけれど、そういうわけにもいかない。そのどちらかを選べと言われたら、当然のように知恵をとるのはこちらが年をとった証拠だろうか。そこそこ健康な身体ではいたいけれど、もう若さはいらないし、そんなに長生きしたいとも思わない。身体に多少の故障が出るのは仕方ないけれど、ひどい痛みさえなければそれも我慢できなくはない。そもそも長生きしていったい何をしようというのだろうか。

むしろ**死があるからこそ老いは輝きを増す**のである。人生はうんざりするほど長い。終点に近くなればなるほど、人生は豊かさを増すことになる。なにより、老いのもっともすぐれた点は、その人が持っている能力をだれにも簡単には譲り渡せないということではないかと思う。どんなにすごい才能があっても、その人が死ねばすべてが無に帰するという潔さ。それこそ人間のもっともすぐれた特性の一つではないかと思われる。なるべく自分を世界の側に委ねて、つまり、自分中心の世界観から逃れて、ゆったりと死を待つのもそんなに悪いものではないだろう。

ここでそんな人生をちょっとマラソンにたとえて考えてみよう。マラソンには折り返し点がある。このマラソン特有の折り返し点というのは、なかなかよくできた仕組みで、それがないコースだとマラソンの魅力も半減してしまう。そう考えると、**人生の折り返し点はいったいどのあたりにあるのだろうか。**行きも帰りも同じ風景が流れている。しかし、行きに見るのと帰りに見るのとではまったく別物に見えるにちがいない。もちろん風景が逆に流れるわけだから見る角度も違ってくるし、そもそも走る側の精神状態も違っている。

人生では、折り返し点まではみんな余力があり、野望もある。ひじで相手のことをこづいたり、進路を妨げるように走る連中もいることだろう。なにしろだれもが生きるのに精一杯だからだ。少しでも有利にレースを運びたいと思っている。はっきり言って、一緒に走る連中はみんな敵なのだ。このレースを成功裏に終わらせるためには自分が勝つしかない。みんなそう思っている。

しかし、そうやって手練手管を駆使していよいよ折り返し点までやってくると、事情は一変してしまう。**見慣れたはずの景色がまったく見慣れないものになっている。**いったい自分は何をやっていたのだろう。もう押し合いへし合いはごめんだ。他人と争ったり、勝った負けたと騒いだり、功名を欲しがったりせずに生きていきたい。そう思うと、時間がゆったりと流れはじめる。他人よりも自分がよく見えてくる。極端にいうと、だれとも争わずにいけたらそれが一番いいと思うようになる。なにも他人と比較する必要はない。いまさらムリしても仕方がない。

そうなって、ようやく自分の人生をどう考えるべきかがわかってくる。隣を走るランナーに飲み物を手渡してあげる。相手も目でお礼を言う。自分の抱える困難はけっして他人が所有していないものではない。みんな同じなのだ。本書でくりかえし述べたように、大きな困難に陥るということは、そのまま人生のチャンスであり、それを生かさない手はない。まだ折り返し点にまでやってこないランナーにはそんなことをいってもわかってもらえないだろう。生きるというのは、多くの困難と出会い、そこで「生きるチカラ」を獲得し、何度も変化を重ねつつ、何もおそれるものがない状態にまで持っていくことなのである。

おわりに

最後にここでもう一度おさらいをしてみよう。

「はじめに」で、「死に方がわからなければ生き方もわからない。そして、生き方がわからなければ死に方もわからない」と書いた。生きるというのは、ただ健康に十分留意して生命を長く保つということを意味しているのではない。週末のダンスパーティに行くときの胸のときめきや、旅立ち前の奮い立つような気持ち、さらには、好きな人との出会いにともなう歓びと不安が共存するような感情など、どうしようもなく高揚した気持ちになるのを抑えられない。それこそ生きる歓びというものではなかろうか。

それならどのように生きるべきか。いくつかの指針をもとに考えていきたい。

まず、あなたがなによりも考えなければならないことは、**生きるのに「正しい」も**

「**間違い**」**もない**ということである。あなたが選んだ生き方がそのままあなたの人生なのだ。いくら後悔してもやり直すことはできない。だれもが失敗を犯している。そんなことをくよくよしても仕方がない。それをどう受け取るかということである。いや、果してそれが失敗だったのかどうかということまで含めて考え直さなければならないだろう。いったい成功とか失敗とかって何を基準にして考えるのか。自分にとっての成功が本当の成功とは縁遠いものであったり、失敗が後に大きな実りをもたらしたりすることもあるだろう。むしろ、失敗と思われたことから、それぞれの人生が立ち上がることになる（Ｌｅｓｓｏｎ　１参照）。

ただ漠然と生きるというのでは何も始まらない。しかし、いずれ幸運が舞い込んできたり、大きな挫折を味わうこともあるだろう。どれが正解とはっきり断定することなどできない。さまざまな選択をくりかえしつつ、人生を送ることになるわけだが、必ずしも正解は一つではない。いわば、**あらゆる選択は誤りを含んでいる**のである（Ｌｅｓｓｏｎ　２参照）。それならどうすればいいのか。

皮肉なことに、われわれの社会では大きなプラスは大きなマイナスと似た様相を示すことになる。勝てば勝つほどいいというわけにはいかない。多くの人々がそうとは知らずに不幸になっている。**社会的な成功とあなた自身の幸せとが重なることはかえってむずかしい。**それはまったく別の事柄だと思わなければならない。皮肉なことに、金持ちは、さらに金持ちになるにつれて、むしろ不幸に向かって突き進んでいく危険性を持つのである（Lesson 3参照）。

もし人生がたった一度限りでなければもっと幸せになれたのにと思う人もいるだろう。自分が選択した道以外の道を選んだらどうなったか、どうしても気になるものだ。しかし、それを確かめることはだれにもできない。そして、本書をお読みいただければわかるとおり、人生が二度あればもっとすばらしいはずと考えるのは間違いなのである（Lesson 4参照）。なんでもそうだが、**二度チャンスを与えられるのは必ずしも好ましいことではない。**一度だからこそ人生に意味が生じるのではなかろうか。

つまり、ここで考え方を１８０度変える必要がある。だれもがみんな問題を抱えている。人生の道筋にはたくさんの失敗が地雷のようにばら撒《ま》かれている。それを踏まないように慎重に進んでも、どこかで必ず出会わなければならなくなる。となると、失敗そのものを肯定する生き方がむしろ必要になってくるのではないか。**ふりかかった災難こそ人生のきっかけなのだ。**そこからあなたの人生はようやくスタートを切るのである（Lesson 4参照）。

そうなると、あなたにとってもっとも大切なことは、豪邸や別荘を持ったり、美食を好んだり、海外旅行に出かけたりすることではなく、究極的には、自分のなかに眠るたくさんの可能性を実現していくことにあるのではないかと思う。**自分には正反対の「自分」が隠されている**（Lesson 5参照）。人生は短く、あっというまに終わってしまう。あなたは欲張っていろいろな人生を生きてみるべきではなかろうか。可能なことはできるだけすべてやってみる価値があるだろう。たとえば、インドネシアのバリ島では、男たちのほとんどが一日のうちでいろいろな役割を果たすことになると述べた（Lesson 5参照）。彼らのだれもが農民であり、遊び人であり、宗教者であり、アーティストなのである。一人の人間がいろいろな存在になることができる。いわゆる西欧や日本の人々が限界を感じているのは、そういう意味での豊かさからどんどん遠ざかっている点であり、そうしたことはお金では得られないのである。

その点、モーパッサンの短編『首飾り』のストーリーは示唆的である（Lesson 6参照）。夜会に出るため友人からダイヤモンドの首飾りを借りたものの、なんとそれを紛失してしまう。夫婦はそれを必死に働いて10年がかりで返すことになるわけだが、ここで描かれているエピソードを単に不運とばかりはとらえられない。むしろ、不満だらけの人生を送っていた妻にとっては幸運だったかもしれない。よりよく生きるためには多少の災いをも引き受けなければならないのである。

そうした考え方を理解したら、**とにかく運をぐるぐる回す**ことである。運が自分のところばかりに偏ったりすることは、まったく来なかったりするのと同様、けっして好ましいことではない。運は動いているからこそ意味がある。「生きるチカラ」はそんなところから生まれてくるのである。「**井の中の蛙《かわず》大海を知らず**」ということわざがある★11。自分の狭い世界だけに閉じこもっている人を指して使われることが多いのだが、一説では、これには「**天の深さを知る**」という続きがあるとのこと。狭い井戸のなかでジャンプしたり遊んだりしているうちに、だれも気がつかなかったことが見つかるかもしれない。みなさんの幸運を祈りたい。

本書ができ上がるまでにはけっこう長い年月を要することになった。最初に秋山道男さんから何か一緒にやらないかと話があったのはいまから3、4年前、ちょうど『偶然のチカラ』（集英社新書）を出した後くらいのことだったと思う。それから、紆余曲折《うよきょくせつ》あって、集英社編集部の鯉沼広行さんの手を経て、ようやくここに陽の目を見ることになった。どの本も多くの人々の力に支えられて世に出ることになる。本書が出る直前になって、朝日カルチャーセンター（大阪）のみなさんに本書の内容について一緒に議論をさせてもらった。みなさん本当にありがとう。

注

はじめに

★01 ミシェル・ド・モンテーニュ『エセー』全3巻、宮下志朗訳、白水社、二〇〇五—〇八年。
★02 伊藤比呂美「良い死に方悪い死に方」『一冊の本』朝日新聞出版、二〇一〇年二月号。

Lesson 1

★01 J・D・クランボルツ、A・S・レヴィン『その幸運は偶然ではないんです！』花田光世他訳、ダイヤモンド社、二〇〇五年。
★02 同。
★03 同。
★04 植島啓司『「頭がよい」って何だろう』集英社新書、二〇〇三年。
★05 クランボルツ、レヴィン、前掲書。
★06 山本周五郎「柳橋物語」『山本周五郎中短篇秀作選集1 待つ』小学館、二〇〇五年。ただし、初出は『山本周五郎傑作選集』第2巻、太平洋出版社、一九五一年。

Lesson 2

★01 ひろさちや『「狂い」のすすめ』集英社新書、二〇〇七年。
★02 井波律子『酒池肉林』講談社現代新書、一九九三年。
★03 渡辺京二『逝きし世の面影』平凡社ライブラリー、二〇〇五年。
★04 同。

★05 バルザック『あら皮——欲望の哲学』小倉孝誠訳、藤原書店、二〇〇〇年。植島啓司・山田登世子「神秘の人、バルザック」『バルザックを読む　I対談篇』藤原書店、二〇〇二年。
★06 同。
★07 同。
★08 井原西鶴『現代語訳・西鶴　西鶴置土産』暉峻康隆訳注、小学館ライブラリー、一九九七年。
★09 同。
★10 同。
★11 奥村康『「まじめ」は寿命を縮める「不良」長寿のすすめ』宝島社新書、二〇〇九年。
★12 森山重雄『西鶴の世界』講談社、一九六九年。
★13 ニーチェ『善悪の彼岸』木場深定訳、岩波文庫、一九七〇年。

Lesson 3

★01 ピーター・エヴァンス『オナシスの生涯——欲しいものはすべて手に入れた男』染田屋茂訳、新潮文庫、一九八八年。
★02 井波律子、前掲書。
★03 同。
★04 宝くじで不幸になった例については多くのブログが立ち上げられているが、このジャック・ウィテカー氏の記事はとりわけ人気らしく、asahi-net など多くのブログで言及されている。
★05 同。
★06 読売新聞二〇〇四年八月十二日夕刊。
★07 久慈六郎『ロト6で3億2千万円当てた男の悲劇』集英社、二〇〇六年。『週刊現代』二〇〇八年

★08 八月十六日号。『MARCO』一九九五年一月号。

Lesson 4

★01 ケン・グリムウッド『リプレイ』杉山高之訳、新潮文庫、一九九〇年。
★02 同。
★03 同。
★04 同。
★05 植島啓司「ファム・ファタル　心を焦がした女性たち」『ロフィシェル・ジャポン』二〇〇八年二月号。
★06 映画「夏至」トラン・アン・ユン監督、二〇〇〇年。

Lesson 5

★01 モンテーニュ、前掲書。
★02 同。
★03 モンテーニュ『エセー』荒木昭太郎責任編集、『世界の名著19』中央公論社、一九六七年。
★04 湯川秀樹、日本の伝統芸能『能・狂言鑑賞入門』日本放送出版協会、一九九〇年からの引用による。
★05 山本東次郎『狂言のすすめ』玉川大学出版部、一九九三年。
★06 金森敦子「『月見座頭』から考えたこと」『狂言　山本東次郎』新人物往来社、一九九三年。
★07 クリスチャン・シャバニス『死をめぐる対話』足立和浩・吉田葉菜訳、時事通信社、一九八六年。
★08 小林章夫『賭けとイギリス人』ちくま新書、一九九五年。

★09 トム・ルッツ『働かない――「怠けもの」と呼ばれた人たち』小澤英実・篠儀直子訳、青土社、二〇〇六年。

★10 「マタイによる福音書」『聖書』新共同訳、日本聖書協会、一九九四年。

★11 トム・ルッツ、前掲書。

★12 同。

★13 同。

Lesson 6

★01 モーパッサン「首飾り」『モーパッサン短篇集』山田登世子訳、ちくま文庫、二〇〇九年。

★02 同。

★03 植島啓司「旅では自分の身に起こることはすべていいことなのだ」『4 travel（フォートラベル）volume.1』角川メディアハウス、二〇〇九年。

おわりに

★01 もともとは『荘子』が出典とのこと。「天の深さを知る」は原典にはなく、俗説だが、これには「天の青さを知る」というヴァリエーションもある。

植島啓司（うえしま　けいじ）

一九四七年東京生まれ。宗教人類学者。一九七二年東京大学卒業。東京大学大学院人文科学研究科博士課程修了後、シカゴ大学大学院に留学、ミルチャ・エリアーデらのもとで研究する。関西大学教授、NYのニュースクール・フォー・ソーシャルリサーチ客員教授、人間総合科学大学教授を歴任。一九七〇年代から現在まで、世界各地で宗教人類学調査を続けている。『聖地の想像力』『偶然のチカラ』『世界遺産　神々の眠る「熊野」を歩く』『賭ける魂』他、著書多数。

生《い》きるチカラ

二〇一〇年七月二一日　第一刷発行

集英社新書〇五四九C

著者……植島啓司《うえしまけいじ》

発行者……館　孝太郎

発行所……株式会社集英社

東京都千代田区一ツ橋二-五-一〇　郵便番号一〇一-八〇五〇

電話　〇三-三二三〇-六三九一（編集部）

〇三-三二三〇-六三九三（販売部）

〇三-三二三〇-六〇八〇（読者係）

装幀……原　研哉

印刷所……大日本印刷株式会社　凸版印刷株式会社

製本所……加藤製本株式会社

定価はカバーに表示してあります。

ISBN 978-4-08-720549-7 C0236

Printed in Japan

a pilot of wisdom